Su bebé come con usted

Las bases del desarrollo sano de su bebé se crean ya en el seno materno. Solamente si dispone de suficientes materiales de construcción, podrá desarrollarse óptimamente. No obstante, esto no quiere decir que sea inmune a determinados influjos perniciosos. Y es usted precisamente quien puede protegerle, empezando por disfrutar comiendo sin la menor molestia y, al mismo tiempo, haciendo acopio de fuerzas para más tarde. Una alimentación consciente es la clave de un embarazo sin problemas y el requisito indispensable para que madre e hijo gocen de la mejor salud. Este es mi mayor deseo, y lo que más me gustaría es que este libro ayude a ambos eficazmente.

Las fotografías han sido realizadas por Odette Teubner y Dorothee Gödetr

EDITORIAL EVEREST, S. A.

MADRID • LEON • BARCELONA • SEVILLA • GRANADA • VALENCIA
ZARAGOZA • LAS PALMAS DE GRAN CANARIA • LA CORUÑA
PALMA DE MALLORCA • ALICANTE — MEXICO • BUENOS AIRES

ÍNDICE

El embarazo

La alimentación

Los mayores riesgos

Qué debo comer si...

Desayunos suculento

Tentempiés

Comidas rápida calientes

El imprescindible pescado

Carne con verduras

Platos dulces y golosinas

Lo que ocurre en su cuerpo

Antes de nada, el embarazo no es ninguna enfermedad. Es una fase de su existencia, plena de actividad que va a suponer para usted una experiencia vivida en toda su plenitud.
Aprovéchela en beneficio propio y en el de su bebé.
El cambio hormonal desde el inicio de la semana 12 de embarazo (el llamado primer trimenón), se manifiesta un malestar general. Usted nota en los senos tirantez, por las mañanas puede que sienta náuseas y posiblemente el resto del día lo pase cansada. Pero estos fenómenos tienen también su lado bueno: su cuerpo le obliga a cuidarse más y a descansar.
Las cosas cambian a partir del inicio del sexto mes de embarazo (segundo trimenón), desde la semana 13 a la 24. Su organismo ha superado los primeros cambios, y lo más probable es que esté más equilibrada y e mejor forma que nunca. Un s ple cambio de alimentación puede dar excelentes resulta en muchos casos .Los seis pri ros meses forman parte de la mada fase de producción. El embrión es muy poco lo que cesita antes de que la madre disponga de las reservas: gr sas (para el parto y la lactancia), proteínas (para el crecimiento del bebé), vitaminas y minerales.

Así de rápido crece su bebé
Su aumento de peso, por término medio, durante el embarazo.

El embarazo puede dividirse en 10 meses lunares. Los círculos esquemáticos simbolizan respectivamente: **2:**. Peso del embrión al final del segundo mes (1,1 g). **3:** Aumento paulatino del peso en el curso del tercer mes (hasta 14,2 g). **4:** Peso en el cuarto mes (108 g). En los meses siguientes el crecimiento es menos espectacular: **5:** Peso al final del quinto mes (316 g) **6:** Peso al final del sexto mes (630 g) **7:** Peso al final del séptimo mes (1045 g).**8:** Peso al final del octavo mes (1680 g). **9:** Peso al final del noveno mes (2378 g). **10:** Peso al cumplir los diez meses (3405 g)

Como madre, no podrá percibir el espectacular aumento del peso inicial del bebé, ya que su tamaño es diminuto. Sus movimientos no empezará a sentirlos hasta finales del quinto mes de embarazo.

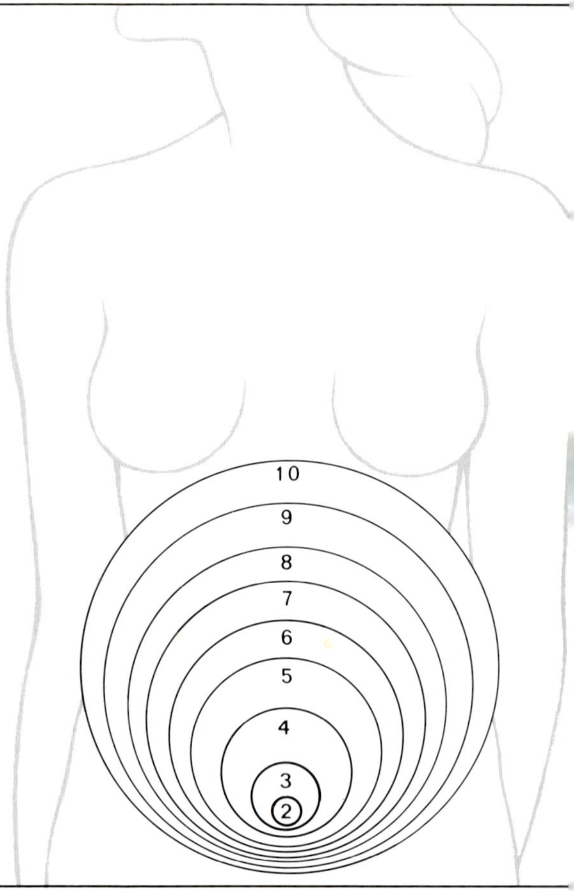

náuseas en las primeras semanas son conocidas por todas las embaraza-
s. Una alimentación ligera y rica en vitamina B, puede ser de gran alivio,
ejemplo a base de leche y cereales, levadura, carne, pescado y nueces.

on el inicio del tercer trimenón esde la semana 25 a la 40), mienza la fase de suministro. bebé crece y depende de las ervas de la madre. Si ésta ca- ce de las sustancias nutritivas cesarias, él es quien sufrirá consecuencias, si bien, a sta de la madre, podrá obte- r proteínas, calcio, hierro, yo- y vitaminas hidrosolubles.

sí de rápido crece su ebé en el seno materno

las 12 primeras semanas ya inicia la formación y el desa- llo de todos los órganos. En e período, cuenta el influjo pernicioso de la nicotina, el alcohol, los fármacos, y la carencia de sustancias alimenticias. El calcio, el fósforo y la vitamina D son muy importantes para la formación de los huesos.

A partir del tercer mes (la duodécima semana) los médicos ya hablan feto. Los meses restantes de gestación los necesitará para crecer. Desde el sexto mes, el crecimiento salta a la vista. El vientre aumenta y el feto es ahora cuando necesita más sustancias nutritivas. Durante esta última fase, ya no se producen malformaciones, pero sí un menor crecimiento.

La placenta: vínculo de unión, pero no filtro

En la placenta confluye la circulación sanguínea materna y la del bebé. El bebé evacua sus productos de desecho en la madre y ésta, a su vez, le proporciona las sustancias nutritivas. La membrana que les separa permite atravesar la mayor parte de estas sustancias, por lo que la nutrición de la madre y la del bebé es igualmente buena o mala para ambos. Otras sustancias, como las proteínas, el hierro, el calcio y todas las vitaminas hidrosolubles las recibe el bebé bombeadas activamente a costa de la madre, de ahí la importancia de que ésta disponga de ellas en cantidad suficiente, pues no es poco lo que su bebé exige durante la gestación: unos 30 g de calcio, 17 g de fósforo, 800 mg de magnesio y 400 mg de hierro, son las cantidades que necesita su metabolismo, sólo en cuanto a los minerales, y todas ellas sólo puede obtenerlas a través de la alimentación. La placenta, por lo demás –conviene no olvidarlo–, no es ningún filtro protector del bebé contra sustancias tóxicas, sino permeable a la mayor parte de ellas como, por ejemplo, la nicotina, el alcohol, las drogas y determinados medicamentos.

No comer mucho más, sino mucho mejor

Las viejas creencias según las cuales la madre debe «comer para dos», en beneficio de su bebé, hace tiempo que han sido superadas. De lo único que deben preocuparse es de aumentar con su alimentación el aporte de vitaminas, minerales y proteínas. El aumento de calorías, ha de ser moderado, o mejor dicho: por cada caloría aportada, el menú debe contener más sustancias nutritivas de las contenidas normalmente, evitando así tener que recurrir a la toma de preparados especiales. Incluso en la actualidad son frecuentes los casos en que la alimentación de las embarazadas no aporta en cantidades suficientes calcio, hierro, magnesio, vitamina B12, B2, B6 y ácido fólico. La tabla de la página 10 muestra por qué dichas sustancias son tan importantes y cuáles son los alimentos que las contienen.

Con una alimentación equilibrada usted podrá cubrir fácilmente sus necesidades reales a base, sobre todo, de los siguientes grupos de alimentos:

- Leche y productos lácteos.
- Carne magra.
- Patatas y productos integrales.
- Verduras y fruta fresca.

El consumo de azúcar, grasas, repostería a base de harina blanca, dulces y limonadas debe ser moderado a causa de su rico contenido en calorías y pobre en minerales y vitaminas.

Las embarazadas necesitan un aporte adicional, a veces en cantidades ex mas, de casi todas las vitaminas y minerales. A la vista de este cuadro poc establecer usted misma los porcentajes respectivos. En la tabla de la págin 10 encontrará el modo de conseguir el aporte necesario de los minerales y taminas principales.

Engordar es importante

Por supuesto, en nuestro mundo actual, no resulta fácil considerar como positivo una subida de peso. Pero lo cierto es que preamente ahora, es cuando tie- oportunidad de disfrutar en- rdando. Pues si no engorda suficiente, su bebé puede na- r con falta de peso. Es más, si ora adelgaza, correrá el peli- o de un parto prematuro. Sólo mujeres obesas deben procu- adelgazar un poco.

presado en cifras:

adres delgadas (ver también pág. 22) deben engordar sta 16 kg; las de peso normal tre 10 y 11 kg, y las obesas tre 9 y 10 kg (ver pág. 23). gráfico de la página 23 estra la curva del aumento de so y sus consecuencias. Los temidos lipomas no suelen rse en realidad más que en a pequeña proporción.

aporte adicional de calorías drá ser:

Durante los primeros 3 meses cesitará sólo 100 calorías is diarias, es decir, un total 2 300 kcal o de 2 100, si ed tiene más de 25 años. gordar durante esta fase del ibarazo no procede.

En el segundo trimenón debe- engordar, puesto que es a rtir de ahora cuando es nece- rio hacer acopio de reservas y nacenar más líquido. Puede gerir 300 calorías más con specto a su régimen alimenti- o normal, hasta 2 500 kcal arias. Las mujeres embaraza- as mayores de 25 años necesi- n únicamente 2 300 kcal al a, pues las necesidades ener- ticas disminuyen con la edad.

A partir del inicio del tercer tri- menón (semana 25) deben au- mentarse 100 calorías más, lo que equivale a un total de 2 600 kcal o 2 400 kcal dia- rias, respectivamente, según la edad. Y cuanto mayor sea usted, tanto más responsable y cons- ciente deberá ser su alimenta- ción, ya que no debe olvidar que en su estado necesita menos calorías pero igual número de sustancias minerales y de vitami- nas que las mujeres más jóvenes. Por otra parte, tampoco hay ra- zón para alarmarse en caso de que engorde más deprisa. Lo que no deberá hacer jamás es ningún tipo de dieta de hambre. Sólo en caso de experimentar un repentino aumento de peso exa- gerado, deberá acudir al médi- co: podría ser el comienzo de una gestosis (ver pág. 17).

Los materiales de construcción contenidos en la alimentación

La energía la proporcionan los materiales de construcción con- tenidos en la alimentación: las proteínas y los hidratos de car- bono contienen, respectivamen- te, 4 kcal por gramo y los lípi- dos (grasas) 9 kcal. La alimentación sana depende de la proporción de calorías apor- tadas por cada uno de estos materiales de construcción.

Proteínas para el nuevo ser

Las proteínas son las sustancias básicas de nuestras células. En otras palabras: en cuanto mate- riales de construcción, es preci- so disponer de suficientes proteí- nas. En una alimentación sufi- ciente en su totalidad, la necesidad de proteínas no au- menta sino a partir del cuarto mes en una proporción com- prendida entre 50 y 60 gramos diarios, ya que es esta fase del embarazo cuando el bebé al- canza tal tamaño que sus nece- sidades empiezan ya a desem- peñar un papel importante. Esto significa que entre un 13 y un 15 % de las necesidades diarias deben ser cubiertas a base de proteínas. Cualquier persona normal come mayor cantidad de proteínas, el hecho no resulta problemático. Lo importante es que la alimentación este equili- brada en cuanto a todos sus componentes. Las proteínas, de- ben corresponderse con nuestras propias necesidades especiales en la mayor medida posible. Al mismo tiempo es preciso que con el aporte de proteínas no se aporten demasiados lípidos. Por consiguiente, una mezcla de proteínas animales y vegetales en proporción de 1:2 será la mezcla ideal. Una buena fuente de las primeras la encontrare- mos en la carne, huevos, pesca- do y productos lácteos con mo- derado contenido de grasa (3,5 % en la leche, y en el queso 40 % en extracto seco). En cuanto a las proteínas necesarias de ori- gen vegetal los mejores provee- dores son los cereales integra- les, sobre todo tipo de granos como los de quinoa y amaranta, los de las leguminosas y las patatas. A la vista del gráfico de esta página , usted podrá deducir cuáles son las combinaciones óptimas, es decir el grado de su «valor biológico».

Moderación en el consumo de grasas

En nuestro metabolismo intervienen los llamados ácidos grasos polinsaturados. Además las grasas son portadoras y favorecedoras de la asimilación y la valoración de las vitaminas liposolubles A, D, K, y E. Pero las cantidades necesarias de las mismas son tan pequeñas, que su porcentaje en la alimentación, no debería ser superior a un 25 o un 30 %. De hecho solemos consumir, por término medio, demasiadas grasas (alrededor de un 40 % de las calorías diarias). Y también en este sentido la proporción entre las grasas animales y las vegetales es importante. Los aceites prensados en frío, las margarinas no endurecidas, los aquenios (nueces, avellanas, etc.) y las semillas, las aceitunas y los aguacates suministran los ácidos grasos vegetales insaturados y las vitaminas A y E. Las grasas de origen animal de la mantequilla, el queso y la yema de huevo suministran vitamina D y lecitina. A partir del cuarto mes no deberá sobrepasar el límite máximo de 80 g de grasa al día. El consumo de grasas se suele infravalorar debido a que la mayoría de ellas se hallan ocultas en los embutidos, quesos, postres y en la repostería. Tenga siempre en cuenta: consuma con preferencia productos pobres en grasa y coma con moderación los productos mencionados. Es preferible, pues, permitirse en la ensalada, 1 cucharada de aceite de oliva prensado en frío y entre 20 y 30 g de mantequilla (o margarina no endurecida) extendida sobre pan. Advertencia: estas porciones deberán tomarse frías, pues al calentarlas se pierden parte de sus valores.

Los hidratos de carbono son algo especial

Entre el 50 y el 60 % del aporte energético diario deberá estar constituido por hidratos de carbono. Los hidratos de carbono son la sustancia básica de los alimentos vegetales. Los cereales, la fruta y la verdura apenas si contienen otras sustancias. Al mismo tiempo son los principales portadores de vitaminas, sales minerales y fibra: por térm
medio son los productos de m
alto valor biológico por calorí
Esta particularidad es importa
para usted en su estado actu
pues lo que usted necesita en
proporciones diferentes son m
vitaminas y sales minerales (ve
la tabla de la pág. 10).
Además los hidratos de carbo
son las sustancias que más fá
mente son aprovechadas por
organismo para la obtención
energía, y, al mismo tiempo,
sustancias básicas para el sum
nistro de la glucosa que aport
la energía para su cerebro y p
ra el de su bebé en gestación
su bebé necesita al día, durar
el último trimenón, ¡entre 30 y
40 g de glucosa! Pero no tod
los hidratos de carbono son
iguales: el azúcar y la harina
blanca constituyen la mitad de
aporte de carbohidratos, perc
éstos apenas si aportan vitami
nas, sales minerales y fibra. D
ahí que se les denomine «va-

La combinación óptima eleva el «valor biológico»

	Productos lácteos	Huevos	Cereales	Maíz	Patatas	Leguminosas	Aquenios
Productos lácteos			■	■	■	■	■
Huevos					■	■	
Cereales	■					■	■
Maíz	■					■	
Patatas	■	■					
Leguminosas	■	■	■	■			■
Aquenios (nueces, etc.), semillas	■		■			■	

ribución de los ácidos grasos en las grasas naturales

	ácidos grasos saturados	ácidos grasos insaturados	ácidos grasos poliinsaturados
ısa láctea (mantequilla)	60	37	3
nteca de cerdo	43	49	8
ite de oliva	19	73	8
ite de calabaza	9,2	28	52,8
ite de maíz	14	29	57
ite de soja	14	24	62
ite de semillas de trigo	16	22	62
ite de girasol	8	27	65
ite de granos de uva	10,5	19	70,5
ite de alazor (cartamo)	10	15	75

cidos grasos insaturados son componentes especialmente valiosos. o el organismo no puede sintetizar los poliinsaturados, es de vital impor- a el aporte de los mismos mediante una nutrición adecuada.

». Procure, por lo tanto, que s carbohidratos «blancos» onstituyan más del 10 % del de las calorías diarias. más, el exceso de azúcar rece el estreñimiento y las arazadas no pueden com- sar las oscilaciones del nivel lucosa.

ejor para la madre y el be- s un flujo energético cons- que, en virtud del proceso stivo más prolongado, pro- ca alimentos ricos en fibra.

Para la última comida del día lo ideal es optar por el pan integral o la fruta.

Las vitaminas: chispas que activan el metabolismo

Las vitaminas participan de manera decisiva en el metabolismo de todos los alimentos. En consecuencia, si el aporte de éstos aumenta, se impone un aumento de las vitaminas. Si además el organismo está construyendo una sustancia celular adicional, tanto más ha de incrementarse el aporte vitamínico. No es, pues, de extrañar, que muchas futuras madres pequen por defecto respecto a este tema. Especialmente tratándose de las vitaminas, cualquier carencia se compensa a costa de la madre, ya que es la placenta la que se encarga de absorberlas activamente, incluso cuando el nivel vitamínico de la sangre de la ma-

Estos nutrientes son especialmente importantes para la madre y el bebé, y con frecuencia son deficitarios

Nutriente	Necesario para	Contenido en
Calcio	la formación de los huesos; el bebé necesita en total unos 30 g.	la leche con 1,5 o 3,5 % de grasa (1/2 l diario), en el yogur, queso duro, kefir.
Hierro	formación de la sangre; hasta su nacimiento, el bebé necesita unos 400 mg.	carne magra y oscura hígado,* cereales. Las verduras ricas en vitamina C, la fruta y los zumos mejoran la asimilación d hierro.
Yodo	la glándula tiroides y el desarrollo del bebé.	en el bacalao (2 veces a la semana), la sal yodada, el pan el embutido con sal yodada.
Magnesio	el metabolismo y los huesos; parte integrante del líquido de los tejidos; protege contra el nacimiento prematuro.	en las patatas, verduras, plátanos, cereales integrales, legu nosas. Consejo: las tierras de intenso cultivo son pobres en magnesio, por lo que son preferibles los «productos biológicos».
Cinc	para el metabolismo en su totalidad y el crecimiento sano; protege contra el nacimiento prematuro.	la carne de novillo, hígado,* queso duro, moluscos, guisantes verdes. El salvado de los cereales y el alcohol reducen la asimilación.
Vitamina B_1	el catabolismo de los carbohidratos (metabolismo energético).	los cereales integrales, brotes, carne de cerdo magra, pipas de girasol, levaduras nutrientes. El alcohol, el té negro y la clara de huevo reducen su asimilación.
Vitamina B_2	la totalidad del metabolismo y el crecimiento sano.	la leche, queso Quark, huevo, hígado,* levaduras nutriente brotes.
Vitamina B_6	el metabolismo proteico (formación de sangre, crecimiento celular).	los cereales integrales, carne magra, bacalao, verduras frescas, plátanos.
Ácido fólico	el metabolismo proteico (formación de la sangre, crecimiento celular).	los frutos cítricos, espárragos, espinacas, hinojo, hígado,* gérmenes de trigo, levadura; el calor lo destruye (preferible, pues, en crudo).
Vitamina C	la formación del tejido conjuntivo, agente defensivo y asimilación del hierro.	los frutos cítricos, bayas, brécol, pimentón, col, espinacas, acelgas.
Vitamina A	la formación de la púrpura visual y la de proteínas.	la yema de huevo, queso, fruta amarilla, verduras e hígado.

* Aunque el hígado es rico en vitamina A y sales minerales, durante el embarazo no debe comerlo. Se han detectado contenidos en Vitamina A que pueden perjudicar al feto. Lo mejor es descartarlo

sea demasiado bajo. Por
, el cansancio, el agotamien-
el nerviosismo, el malestar
eral la caída del cabello no
en porqué ser de origen hor-
nal, sino que probablemente
n, consecuencias de la falta
vitaminas. La carencia de vi-
ina C, B6 y A conlleva a me-
o una pérdida de peso para
ebé o incluso un aborto; y la
encia de ácido fólico puede
sionar daños en su desarro-
Con la ayuda de la tabla de
pág 10 podrá deducir cuáles
los alimentos que evitarán la
encia de los nutrientes nece-
os. Alimentándose conforme a las recetas de este libro no necesitará tener que recurrir al consumo de preparados vitamínicos, ya que con ellas su aporte energético y nutritivo estará asegurado si da preferencia en su dieta,, a la fruta fresca, a la verdura cruda (o cocida según el método más conveniente) y a los cereales integrales. En ningún caso deberá consumir indiscriminadamente ningún preparado vitamínico: un exceso de vitamina A, por ejemplo, puede causar a su bebé graves daños. Por lo tanto, nada de tomar «píldoras vitamínicas», a menos que sea por prescripción médica.

*aquí algunos de los alimentos que contienen las sales minerales más im-
antes: cereales integrales, carne magra roja, queso, plátanos, pescado,
tas, lentejas. Preste especial atención a la tabla de la página 10.*

Los minerales: materiales de construcción y activadores

El calcio y el fósforo son los materiales de construcción de los huesos y los dientes; el hierro, de los glóbulos rojos; el potasio, el sodio y el cloro, de los líquidos del cuerpo dentro y fuera de las células. El cinc y el selenio se ocupan del crecimiento sano; el yodo protege al bebé contra el hipotiroidismo; y el flúor constituye la piedra fundamental de una dentadura sana. Como ve, no es de extrañar que durante el embarazo sea necesario aumentar el aporte de estos minerales. El bebé en crecimiento y la madre necesitan un intensivo aporte de minerales para hacer frente a la creciente cantidad de sangre y de líquido de los tejidos. Y si tenemos en cuenta que a menudo ni siquiera es suficiente el aporte de sales minerales en las mujeres no embarazadas, es fácil suponer que si lo están, dicho aporte no sea precisamente óptimo. En la tabla de la página 10 encontrará usted un resumen de los nutrientes especialmente críticos: calcio, hierro, magnesio, cinc y yodo. La falta de calcio es nociva para la sustancia ósea del bebé y de la madre; la carencia de hierro dificulta el metabolismo celular por falta de oxígeno en la sangre. El magnesio en cantidad insuficiente puede producir convulsiones, nacimientos prematuros y abortos. También el cinc conlleva complicaciones y la carencia de yodo puede ser causa de un bocio en el recién nacido. Para excluir las carencias extremas sólo es necesario tomar ciertas medidas en base a las siguientes premisas: La carne en abundancia, al igual que la leche y los productos lácteos, los cereales integrales, las patatas, el bacalao fresco y la sal yodada son excelentes proveedores de sustancias minerales. También debe procurar no lavar demasiado tiempo la verdura y la fruta, y aprovechar siempre el agua de cocción de las mismas, ya que también ésta contiene una cantidad importante de sales minerales. No abuse de la sal, con lo que evitará la excesiva formación de agua en el organismo y causar hipertensión. Esto no significa que su dieta deba ser sosa: su elevado volumen de sangre y líquidos necesita sodio y cloro, y lo mismo vale para su bebé. Lo correcto es no sobrepasar el límite diario de 5 a 10 g. Por la misma razón, respecto a las aguas minerales, conviene dar preferencia a las de poco contenido en sodio (menos de 20 mg por litro) y no comer repostería salada ni salazones.

La fibra: más necesaria que nunca

A causa del cambio hormonal la digestión se hace más lenta, y a medida que su vientre va adquiriendo mayor volumen, también su intestino trabaja con mayor lentitud. El mejor remedio es el aporte abundante de fibra, que

Contenido en fibra

Alimentos	Fibra por 100 gramos
Bollos de harina blanca	3,0
Bollos integrales	7,5
Pan de centeno y trigo	6,2
Pan de centeno integral	7,7
Arroz blanco	1,4
Arroz integral	2,9
Harina blanca	4,0
Harina blanca integral	12,9
Pasta cocida	1,5
Pasta integral cocida	4,4
Pepino	0,9
Hinojo	3,3
Calabacín	1,1
Zanahoria	3,4
Melón	1,0
Manzana con piel	3,0
Uvas	1,6
Frambuesas	4,5

Los colores se refieren, alternativamente, a alimentos pobres en fibra (trama azul) y ricos en fibra (trama roja).

no es otra cosa que una sus
cia no digerible, contenida
los productos vegetales: cer
les integrales, verdura y fruta
salvado, las bayas y las leg
bres.
La fibra se hincha en el intes
activa su movilidad y, acort
él el paso de los alimentos.
mismo tiempo aglutina produ
residuales y estimula el desa
llo de una flora intestinal san
Advertencia importante: el a
te de fibra exige al mismo tie
po beber mucho a fin de qu
organismo disponga de líqu
suficiente para hinchar la fib
Otra gran ventaja de la fibra
que acrecienta la sensación
saciedad. Al mismo tiempo,
fibra le permite regular la dig
tión de modo que la energía
se regularmente a la sangre
prolongue el flujo energético
cada comida. La cantidad d
bra recomendada para emb
zadas es de 30 g al día.

Haga reserva de líquid

El cuerpo de su bebé puede
acumular adicionalmente du
te su embarazo hasta 8 litros
líquido (en parte como líquid
amniótico, y en parte en for
de sangre o en los tejidos).
partir de la semana 36, vue
a acumular nuevas cantidad
una reserva para la leche de
primeras semanas. A finales
embarazo suele advertirlo us
misma: si permanece mucho
tiempo sentada, las piernas
le hinchan; los anillos y sortij
le aprietan en los dedos; y s

on los menús de esta «carta especial» usted podrá ubrir el aporte de nutrientes –antes de iniciado el uarto mes de embarazo– sin demasiadas calorías.

)esayuno:
Café con 50 ml de leche, 2 rebanadas de pan integral (en total 150 g), con 1 cucharadita de mantequilla o margarina, 1 loncha de queso (30 g) y 1 cucharadita de miel.

Almuerzo:
1 chuleta de cerdo (100 g) frita en 1 cucharadita de aceite, 200 g de brecol rehogado con 1 cucharadita de mantequilla, y 300 g de patatas cocidas con piel.
De postre: 1 naranja.

A media tarde:
150 g de yogur (1/5%) con 200 g de fresas

)esayuno:
Café con 50 ml de leche, 2 rebanadas de pan integral (175 g en total) untadas cada una con 1 cucharadita de mantequilla o margarina, 1 buena loncha de queso (45 g) y 1 cucharadita de miel

A media tarde:
1 yogur (1/5 %) con 200 g de frambuesas.

A media mañana:
1 yogur (1,5%) con 10 g de salvado de trigo y 100 g de fresas.

Cena:
100 g de tomate en ensalada con 1 cucharadita de aceite y hierbas, 2 rebanadas de pan integral (150 g en total), untadas con 2 cucharaditas de mantequilla o margarina, 30 g de rosbif y 30 g de queso

Almuerzo:
1 filetito de novillo (70 g) frito en 1 cucharadita de aceite, 200 g de espinacas rehogadas en 1 cucharadita de mantequilla, y 250 g de patatas cocidas con piel. De postre: 1 manzana grande.

Cena:
100 g de judías verdes en ensalada con 1 cucharadita de aceite y hierbas, 2 rebanadas de pan integral (175 g en total) con 2 cucharaditas de mantequilla o margarina y 45 g de jamón de pavo.

A media mañana:
1 yogur (1/5 %) con 10 g de salvado de trigo y 100 g de frambuesas.

os datos, no pretenden sino proporcionarle una idea de las cantidades que puede y debe ingerir. También aquí deberá reducir ligeramente el número de calorías si es usted mayor de 25 años. En la práctica son raros los casos en que se aportan al organismo en cantidad suficiente todos los nutrientes necesarios. El aporte suficiente de hierro y de ácido fólico, es, en todo caso, un tanto problemático, ya que únicamente puede satisfacerse mediante un consumo estricto de alimentos pesados minuciosamente. En el curso de las consultas periódicas de control, su médico ya se cuidará de prescribirle, en caso necesario, los preparados adicionales.

piel presenta un bello aspecto. Pues bien, lo que ponen de manifiesto todos estos síntomas es que, en su estado, el aporte de líquido es más importante que nunca. Como mínimo deberá beber entre 1 y 1 1/2 litros al día (e incluso más). Únicamente si su sed alcanza niveles exagerados y al contemplarse por las mañanas advierte hinchazones en pies y manos, lo primero que ha de hacer es consultar a su médico. La clase de líquido que tome es tan importante como la cantidad. Aparte del obligado 1/2 litro de leche entera, deberá saciar la sed con agua mineral pobre en sodio, tisanas de hierbas o frutos sin apenas azúcar, zumos de fruta no azucarados y mezclados con agua mineral, o suero de mantequilla. Las limonadas y las bebidas refrescantes contienen demasiados hidratos de carbono «vacuos».

Cuidado con el té y la cafeína

Justamente durante el embarazo, cuando la futura madre se encuentra más cansada que de costumbre, la tentación de recurrir a semejantes bebidas estimulantes resulta, en cierto modo, comprensible. No obstante, no hay nada que objetar al hecho de que se tomen de 2 a 4 tazas o de té al día, o bien 1/2 l de cola, o entre 4 y 8 tazas de café poco cargado. El problema surge cuando a una cosa sigue otra, ya que la cafeína acumulada es perjudicial para el bebé, pudiendo incluso provocarle trastornos cardíacos. Este gran peligro lo es aún más a partir del tercer mes de embarazo, debido a que la madre, en esta fase, elimina más lentamente la cafeina.

Dicho sea de paso, el consumo excesivo de té negro dificulta la asimilación del hierro por lo que hay que tomar alimentos ricos en hierro y vitamina C (naranjas). Pero en ningún caso tome ningún tipo de preparado férrico junto con el té del desayuno.

Cocinar para los dos

Que su menú responda o no a las exigencias de su embarazo depende de la selección de los alimentos, de su calidad y de su preparación. Lea lo que deberá tener en cuenta respecto a los dos últimos requisitos.

Saber lo que se compra

- Compre el pan elaborado con trigo integral y con sal yodada. Otra posibilidad es adquirirlo en establecimientos de alimentación naturista o dietéticos. Puede adquirirlo en grandes cantidades y congelarlo.
- Los cereales para musli y las patatas deberán proceder de cultivos biológicos; procure comprarlos en establecimientos dietéticos. Conviene tener siempre una reserva de patatas, cereales, quinoa, amaranta y arroz para casos especiales.
- La fruta y la verdura deberán ser lo más frescas posibles. Cómprelas cada dos veces por semana. Es preferible adquirir los productos de los estantes de congelados: su contenido en vitaminas es, por lo general, superior de los productos «frescos» industriales. Además ofrecen mayor surtido y muchos de los nutrientes se conservan mejor en los artículos congelados.
  También en este caso conviene hacer un pequeño acopio.
- La leche y los productos lácteos puede comprarlos en el supermercado. Procure consumir productos con un contenido graso de 1,5 o 3,5 %. Tratándose de queso, su contenido en grasa, en extracto seco no deberá sobrepasar el 40 %.
- Las grasas deberán consistir en aceites prensados en frío (aunque este tipo de aceite no debe calentarse a temperaturas excesivas), en margarinas y grasas para asar duras, cosa que no afecta en absoluto a la mantequilla. Por lo demás debe renunciar al consumo de productos de régimen, ya que el contenido reducido de grasa y azúcar de tales productos se «compensa» con conservantes, aromatizantes y edulcorantes.

Los mejores métodos de cocción

Los métodos de cocción con apenas líquido en bandejas accesorias de la olla, la cocción en papel de aluminio y en la clásica cazuela de barro al vapor, son los que mejor conservan las vitaminas y las sustancias minerales de los alimentos.

Quien prefiera los platos un pc co fuertes o picantes, puede re currir a la parrilla en una sarté con revestimiento antiadherent con apenas grasa o en un wo En todo caso, recuerde:

- Los alimentos una vez prepa rados deben consumirse cuant antes para que no pierdan vitc minas.
- Cocine los alimentos tapadc para que se evapore el mínimc de líquido.
- Aproveche siempre el agua de cocción.
- Los alimentos cocinados no deben dorarse en exceso.
- El tiempo de cocción deberc ser lo más breve posible.
- La verdura cocida conviene dejarla más bien un poco durc
- La grasa, a ser posible, deb añadirse después de la cocció

Ayudas importantes en el hogar

Aproveche las ventajas de los utensilios de cocina que le serc de gran ayuda para la cocina del bebé:

- Con la olla exprés puede cc cinar platos de reserva abundc tes, aparte de reducir consider blemente el tiempo de cocción Más tarde, podrá aprovecharl para esterilizar los biberones.
- Para amasar, batir, picar, hc cer purés, etc. nada mejor que una batidora eléctrica con cort dora y acessorios.
- La adquisición de un molinill de cereales sólo es rentable si opta por la cocina integral y lc repostería casera.

'la exprés, batidora de mano, batidora con accesorios, máquina de cocina, ensa para hacer copos. Todos estos utensilios suponen una gran ayuda en cocina. Con ellos le resultará mucho más fácil realizar muchas de las rece- contenidas en este libro para una alimentación sana.

Un utensilio indispensable en ualquier hogar con niños es a prensadora de copos de ce- ales. Las hay manuales, de po- precio, (ver pág 29).
También deberá disponer de congelador a fin de poder acer acopio de reservas de ali- entos frescos.
Un horno microondas le resul- á práctico para descongelar ecalentar pequeñas porcio- s, sin influir para nada en sus opiedades alimenticias y ener- éticas, siempre que se sigan s instrucciones del fabricante.

Antes de cada receta

Para ayudarle a conocer de un vistazo las vitaminas y minerales contenidos en las recetas, antes de cada una de ellas se inclu- yen esquemáticamente los distin- tivos correspondientes de la si- guiente lista:

A = Vitamina A
C = Vitamina C
B1 = Vitamina B1
B2 = Vitamina B2
B6 = Vitamina B6
E = Vitamina E
F = Ácido fólico
Fe = Hierro
Ca = Calcio
Mg = Magnesio
Y = Yodo
Fl = Flúor

Cuando usted fuma, su hijo también fuma

La nicotina hace subir la tensión y empeora el riego sanguíneo de la placenta. Consecuencia: el feto crece más despacio y se desarrolla en peores condicio- nes. El número de los recién na- cidos con peso inferiror a 2 500 g es el doble de alto en las madres fumadoras, y su muerte repentina de 4 a 5 veces superior. Aumenta la propensión a las alergias y la bronquitis, los bebés nacen a menudo con bo- cio. Y si la madre fuma más de

10 cigarrillos al día, el riesgo de que su bebé padezca leucemia u otra clase de enfermedad cancerosa se eleva en un 50 %. También el fumar pasivo de la madre puede acarrear consecuencias análogas. Procure, pues, respirar aire puro. También su bebé se beneficiará.

Consecuencias del alcohol

Un 20 % de los niños deficientes mentales lo son como consecuencia del abuso del alcohol de sus madres durante el embarazo. Entre 1 y 3 de cada 1000 recién nacidos padecen taras a causa del alcohol. Esto se debe a que el hígado del feto no puede eliminar el alcohol (de ahí que su nivel de alcoholémia sea el mismo que el de la madre). Las consecuencias se manifiestan en diferentes grados de disminución de su desarrollo físico y psíquico, e incluso en graves anormalidades. La fase de riesgo para el bebé que se considera más grave es la del cuarto mes de gestación, debido a que en esta fase es cuando se inicia la formación de los órganos. Por consiguiente, la mujer que piense seriamente en un embarazo lo mejor que puede hacer es renunciar al consumo de bebidas alcohólicas. Quien, no pueda resistir la tentación de tomarse un vaso de vino, una caña o una copa de cava, tampoco tiene por qué preocuparse, ya que mientras sólo sea una «excepción», no suele tener efectos perjudiciales.

En su estado actual, no todos los quesos son recomendables para su alime ción. Renuncie a aquellos elaborados con leche cruda y de preferencia a l quesos curados tipo Gouda, Gruyère, Parmesano, Emmental. También el Mozzarella merece ser recomendado.

El nuevo peligro: la listeriosis

La listeriosis es una afección producida por pequeños bacilos (listeria) que tanto en las embarazadas como en su bebé en gestación puede ocasionar determinadas enfermedades. En la madre suele manifestarse tan sólo como una infección febril. En cambio en el bebé antes de nacer pueden producirse nódulos en todos sus órganos e incluso afectar al cerebro.
Aproximadamente un 40 % de estos bebés mueren al nacer y muchos nacen con deficiencia mental. Esto puede evitarse co un tratamiento precoz con ant bióticos. Puede adoptar las siguientes precauciones:

- Renunciar al consumo de leche y quesos crudos: quesos blandos (p. ej. Brie, Camembert), quesos de corteza enmo hecida (p.ej. Munster,Romadu quesos de corte semiduros (p. ej. queso de nata, Esrom).
- Las listerias se destruyen a 80 °C. Estos tipos de queso s lo podrá consumirlos (una vez eliminada la corteza exterior) están bien curados.
- Manténgase fiel al consumo

leche y productos lácteos
teurizados, y a los quesos
os (Gouda, Emmental,
yère, Parmesano, Cheddar,
mté, Manchego, etc.), quitán-
es la corteza.
vite comer carne cruda
lo compre ensaladas mixtas
preparadas. Cómprelas fres-
, y lávelas usted misma.

toxoplasmosis rjudica al bebé

agentes causantes de la to-
plasmosis se desarrollan en el
stino de los gatos y luego se
smiten a otros animales. Por
anto podemos contagiarnos
ectamente de los gatos o por
ngesta en crudo de la carne
otros animales Lo malo es
la mujer gestante no advier-
íntoma alguno de la enferme-
d, aunque para el feto puede
er consecuencias tan graves
no puede ser la deficiencia
ntal. El hombre sólo puede
afectado una vez por la to-
plasmosis: mediante una aná-
de sangre al comienzo del
barazo usted puede determi-
si ya es inmune o no a di-
enfermedad. Por lo demás
berá tener en cuenta las si-
entes normas:
lo coma nunca carne cruda
téc a la tártara).
ave escrupulosamente verdu-
y hortalizas para ensalada.
lo adquiera ahora un gato.
ya tiene uno, lo más probable
que ya esté inmunizado.

La gestosis: peligro de muerte

La gestosis (término general para las manifestaciones toxémicas del embarazo) es una enfermedad que afecta a las mujeres encintas. Sólo sabemos, que el metabolismo no está a la altura de las circunstancias y se «dispara». El porcentaje acuoso de la sangre se filtra en los tejidos y la sangre se «espesa». Los riñones, al intentar restablecer el equilibrio, hacen que la tensión arterial se eleve. Las alarmas de la gestosis son tres:

- Hinchazón abrupta y persistente durante la noche, de las manos, piernas y pies.
- Subida repentina de la tensión arterial hasta 140/90.
- Albúmina en la orina.

Las causas de estos síntomas, no obstante, también pueden ser anodinas. Pero en todo caso ante cualquiera de estas alarmas deberá ser el médico quien establezca el diagnóstico.
Si se trata de una incipiente gestosis, ya no procede la recomendación del día de arroz (ver pág. 24), ya que según los estudios más recientes, en lo que usted debe concentrar ahora su atención es en mantener una ingesta correcta y equilibrada de nutrientes que contengan suficiente sal, abundante líquido, muchas proteínas y muchos hidratos de carbono.

Recomendaciones alimentarias para leves trastornos

Con una alimentación correcta, llevará mejor el embarazo y se evitará problemas. Disfrute de su nuevo estado y ponga remedio a las molestias leves: el embarazo no es ninguna enfermedad.

La anemia produce cansancio

El enorme cansancio durante los primeros meses de embarazo puede estar relacionado con el cambio hormonal, pero debe desaparecer a partir del quinto mes. La causa de tal cansancio puede ser también la anemia: el número de glóbulos rojos es tan bajo, o su función tan deteriora-

Ahora más que nunca es importante lavar escrupulosamente la fruta y la verdura.

da, que tanto las células como el bebé carezcan del aporte suficiente de oxígeno. En el curso de sus consultas periódicas a su ginecólogo, éste comprobará su nivel de hemoglobina. Si el nivel es inferior a 12 gramos % o a 4,2 o 38 gramos %, respectivamente, no hay duda de que usted tiene anemia, debida quizás a una dieta pobre en hierro, aunque también hay otras sustancias que desempeñan un papel importante en la formación de la sangre: las vitaminas B6, B12, E, el ácido fólico y los aceites grasos insaturados. Una carencia de tales sustancias puede ser causa de anemia.

• Fije su atención, no sólo en el aporte correcto de hierro, sino también en el de las citadas vitaminas (ver tabla de la pág. 10). Las mujeres vegetarianas o macrobióticas suelen tener carencia de vitamina B12. El remedio más rápido en tales casos es inyectarse dicha vitamina.

• No olvide la ingestión diaria de una cucharada de aceite prensado en frío, o tomar diariamente, a intervalos de 1 hora, el preparado de hierro que le haya sido recomendado.

• Si el nivel de hemoglobina es extremadamente bajo, su médico le recetará, el preparado férrico idóneo, ya que la carencia de oxígeno sería demasiado peligrosa para el bebé.

¿Son los antojos una señal del organismo

Los llamados «antojos» se refieren, a la apetencia repentina de las embarazadas por algo concreto (un plato especial, chocolate, bombones, ciertas golosinas, etc.). Los antojos, no son sino consecuencia del cambio hormonal y no una necesidad orgánica que justifique el saltarse a la torera su dieta equilibrada. El consumo de chocolate, por ejemplo, no debe convertirse en un ritual cotidiano, ya que semejante abuso se traduciría, asimismo en un desequilibrio del aporte de nutrientes de su bebé.

• Con dos pequeños tentempiés entre las comidas, es muy raro que surjan antojos repentinos.

• Tenga siempre a mano algo dulce (recetas de las páginas 56–61), de ese modo le será más fácil hacer frente a otras tentaciones perjudiciales.

• Tenga a mano, fruta fresca o parte de algún plato en crudo.

• No se deje seducir por las ofertas ni por las invitaciones.

Dos cosas desagradables: el ardor de estómago y la sensación de saciedad.

Deje guardados los habituales medicamentos. Ahora no le servirán de nada. El ardor de estómago se produce cuando, bajo el influjo de las hormonas, se cierran las puertas entre el esófago y el jugo gástrico, y la matriz en crecimiento oprime el estómago hacia arriba. Los jugos digestivos penetran en el esófa[go] y desarrollan en su interior su [in]tensa acción cáustica.

• Usted misma puede preven[ir] las molestias de su acción co[n] una alimentación rica en mag[ne]sio, comiendo, patatas, pan [in]tegral, legumbres y hierbas (d[e] poder ser, de cultivo biológic[o]).

• Si las molestias son agudas tome una cucharada de most[o] (dulce) o un vaso de vino tint[o].

• No se acueste nada más c[o]mer, pues en posición horizo[ntal] es cuando más intenso el el r[e]flujo de los jugos gástricos.

• Procure no perder el apetit[o] ya que ahora es cuando nec[esi]ta mayor cantidad de nutrien[tes].

• Su menú debe ser rico en n[u]trientes, pero repartido en va[rias] comidas pequeñas. Por la rap[i]dez con que abandonan el e[stó]mago, conviene que tome cre[mas], sopas o bebidas nutritiv[as].

Las náuseas no deben durar demasiado

El típico malestar del embara[zo] sobre todo por las mañanas a[l] levantarse. Es debido, en la m[a]yor parte de los casos, a los cambios hormonales. Pero tam[bién] puede ser por falta de vi[ta]mina B6. Si las nauseas persi[s]ten, debe tomarlas muy en se[rio]. El problema se convierte en u[n] círculo vicioso: el vómito inten[si]fica las náuseas y la falta de apetito la debilidad. La alime[n]tación óptima del bebé empie[za] a resentirse.

• Procure que su dieta conten[ga] suficientes vitamina B1, B2 y B

›ecialmente eficaz, el batido
ıminado (ver pág. 26) y los
ɔos de levadura.
:s preciso recuperar los mine-
›s perdidos los vómitos: con-
né o una taza de té negro
ı glucosa y un poco de sal
ninan la carencia. Las pata-
, el pan integral y la fruta pro-
cionan calcio y magnesio.
ome algo antes de acostarse
n integral, productos lácteos
ueces. De ese modo su nivel
glucemia no descenderá has-
ɔor la mañana, y estará me-
; cansada.
No madrugue demasiado. Si
posible, lo mejor es que al-
en le sirva el desayuno en la
na. En todo caso, tome siem-
algo antes de levantarse.
nbién debe tomar al día un
tempié cada 2 o 3 horas.
\ ser posible, encomiende a
ı persona el hacer la comi-
. La manipulación de los ali-
ntos puede quitarle el apetito

diarrea puede ser ligrosa

ii se trata de una indisposi-
n del estómago o de una in-
ción, el mejor remedio es
ınar durante unas horas.
ne también mucho té negro,
co cargado, con un poco de
cosa y un poco de sal.
nbién es bueno tomar té de
ɔjo o cola (con moderación),
na papilla de copos de ave-
o de arroz. Si ve que le sien-
ɔien, pase a tomar plátanos,
nzana rallada, cebolla y pu-
de patatas cocidas con la
piel (sin leche ni azúcar). Y en lo sucesivo tenga cuidado con las comidas grasas.

- Si la diarrea se repite de vez en cuando, la causa puede ser una carencia de vitamina B o algún problema psíquico. Enriquezca sus comidas con levadura nutritiva (de venta en establecimientos dietéticos). Beba diariamente un batido vitaminado (ver pág. 29), y coma musli (receta de la pág. 29).
- Use sólo harina integral molida y renuncie a tomar alimentos crudos y copos cereales.
- El azúcar intensifica la diarrea.

Los copos de avena o la levadura alimenticia contienen abundante cantidad de vitaminas del grupo B. Tome diariamente el batido vitamínico de la página 26.

- Las especias picantes o fuertes son irritantes.
- En cualquier caso, si la diarrea persiste, acuda al médico, ya que puede tratarse de una enfermedad grave encubierta, como, la salmonelosis. La diarrea persistente acaba privando a su organismo de la cantidad necesaria de nutrientes fundamentales.

Otra molestia adicional: los flatos

En su estado, resultan especialmente molestos. Su formación se debe a ciertos procesos de fermentación en el intestino grueso.

- No tome nunca juntos cereales integrales y azúcar.
- Si hasta ahora se ha alimentado con productos pobres en fibra, un cambio súbito puede provocar flatulencia. Será mejor, que empiece a base de productos biológicos y procure que el aporte de vitaminas del tipo B sea suficiente. Posteriormente podrá iniciar, poco a poco, la inclusión en su dieta de alimentos ricos en fibra.

La pereza intestinal puede remediarse

En su estado, las causas de los problemas de deposición son, sobre todo, hormonales. Pero también de la reducción de la capacidad de movimiento del intestino, el cual y realiza con menos fluidez el transporte de los alimentos. Si además está tomando grageas o tabletas de hierro, también éstas son astringentes. Nunca deberá tomar laxantes o aplicarse enemas. Sólo proporcionan un alivio pasajero y acaban produciendo hábito, e irritando el intestino.

- Aliméntese a base de productos ricos en fibra. Así estimulará el movimiento del intestino y, conseguirá acelerar el transporte de los productos de desecho. Tome abundante líquido.

He aquí unos cuantos consejos:

- Tome todos los días 1 vaso de agua por la mañana antes de comer nada.
- También proporciona un gran alivio ingerir en ayunas algunas ciruelas secas o zumo de ciruela.
- Tome musli o avena pelada, y coma pan integral.
- Las barras de musli contienen más fibra que azúcar. Mejor aún: tome grageas de avena (de venta en farmacias).
- Hasta el alumbramiento, puede dar paseos, practicar la natación y hacer gimnasia, de ese modo mantendrá en forma la circulación y la digestión.
- Evite lo que produzca estreñimiento: dulces, chocolate, pasteles, té negro y vino tinto.

¿Qué hacer contra las hemorroides?

Las hemorroides son una dilatación de las venas en el recto, producidas por la presión de las deposiciones duras y la intensificación del riego sanguíneo del abdomen. Si se encuentran dentro del intestino no solemos darnos cuenta de su existencia, pero si están situadas por fuera del esfínter anal, pueden resultar muy desagradables, sobre todo cuando esté sentada.

- De efectos positivos es una alimentación con abundante aporte de vitaminas B6 y C y suficiente cantidad de cinc.
- Puede aplicar pomadas de cinc y crema de heparina.
- Otro remedio son los baños de asiento en una cocción de corteza de roble que puede adquirir en farmacias.

La hipertensión puede ser peligrosa

Si su tensión arterial asciende súbitamente en unos pocos días,

Las proteínas son ricas en fibra, al igual que las verduras y los frutos secos.

acompañada de dolor de ca
za, vértigo y zumbido en los
dos, puede tratarse de una g
tosis incipiente (ver pág. 17),
por lo que deberá acudir al r
dico lo antes posible. Si ustec
tiene la tensión alta , le servir
de ayuda estos consejos:

- Tome sólo comidas sosas,
consuma embutidos y quesos
pobres en sal, y suprima los t
tempiés picantes.
- Borre de su dieta el café y
té negro. Mejor aún: tome só
café descafeinado y tisanas c
hierbas medicinales.
- Consuma alimentos pobres
grasa y trate de mantener su
so dentro de los límites recom
dables: la gordura es a menu
la causante de la hipertensión
- Evite las prisas y las excitac
nes. Ahora es el momento de
realizar ejercicios de relajaci
y de llevar un ritmo de vida c
denado y regular con suficier
pausas de descanso.

La hipotensión perjudic al bebé

Las mujeres jóvenes y esbelta
suelen tener la tensión demas
do baja. Esta hipotensión va
aumento durante el embarazo
Las consecuencias para la m
dre son el cansancio o el ago
miento, pero para el bebé pu
den ser perjudiciales. A caus
de la tensión baja, el transpo
a través de la placenta se resiente y el bebé no ingiere er
cantidad suficiente los nutrien
y el oxígeno que necesita, co
lo cual aumenta el peligro de

cimiento prematuro.
Comience el día tomando 1 a de café o 2 tazas de té ne-). Como la cafeína estimula circulación (ver pág. 13), con he le sentará mejor.
Tome entre horas pequeños tempiés ricos en fibra, de ese do evitará los bajones repen- os de la tensión.
No escatime el uso de la sal. Si es usted una mujer delga- , siga las recomendaciones ore el aumento de peso.
Practique algún deporte lige- manténgase siempre en mo- viento: si permanece acosta- o sentada durante mucho npo y prefiere «cuidarse» no ciendo nada, le bajará aún s la tensión.

oteja su dentadura

rante el embarazo la saliva ntiene más ácidos, se ablan- la mucosa y se intensifica su go sanguíneo. Ambas modifi- ciones aumentan el peligro de ries y de paradentosis. Las rdidas de flúor y de calcio a usa de las necesidades del bé, ejercen una influencia ne- tiva sobre el esmalte dental.
Límpiese los dientes después cada comida, y si come al- entre horas, y una vez por mana use jalea de flúor (de nta en farmacias). Las peque- s cantidades de flúor que us- trague, serán suficientes pa- ayudarle a mantener el orte correcto del mismo.
Coma pescado 1–2 veces r semana.
• La vitamina C se encargará de mantener sanas sus encías.
• Reduzca el consumo de azúcar y golosinas, ya que contribuyen a la formación de ácidos.

Si retiene demasiado líquido

Si el aumento de peso se produce muy deprisa y sus tobillos aparecen hinchados por la mañana, pueden ser síntomas de una gestosis incipiente (ver pág. 17), por lo que deberá acudir inmediatamente al médico. Una cierta acumulación de líquido (edematización) es totalmente normal, sobre todo si usted pasa mucho tiempo sentada o en la última fase del embarazo. Todo esto se puede traducir en ciertas sensaciones desagradables de tensión en las piernas. Con las siguientes medidas usted misma puede mantener dicha edematización dentro de ciertos límites:

• Mantenga las piernas en alto, cuantas veces le sea posible (incluso en la cama).
• Practique con frecuencia las duchas alternas de calor y frío y pronto se notará aliviada.
• Haga una cura de 24 horas pobre en sal (ver pág. 24). Pero no más de 1 o 2 veces al mes, como máximo.
• Coma mucha fruta y suficientes proteínas.
• Pasee en bicicleta o camine lo más que pueda.

Sin varices, incluso tras el parto

Durante el embarazo pueden formarse varices con relativa facilidad. El útero está sometido a un intenso riego sanguíneo; la cantidad de sangre aumenta entre 1 y 1 1/2 litros, con la consiguiente sobrecarga de las venas, y si llega un momento en que las paredes de ya no pueden soportarla, es cuando se forman varices. Para que esto no suceda, debe tomar las siguientes precauciones:

• Estimule el riego sanguíneo de las piernas tomando duchas alternativas, nadando y paseando.
• Proporcione descanso a sus piernas: manteniéndolas en alto o realizando algunos ejercicios
• Si suele permanecer mucho tiempo sentada, use pantys especiales para la circulación. Consulte a su médico en cuanto aparezcan los primeros indicios de varices (usted misma podrá verlos), acuda al médico para que le prescriba pantys terapéuticos especiales.
• No engorde demasiado, si lo hace sobrecargará aún más las venas.
• Procure mantener de forma regular una buena digestión.
• Con un aporte suficiente de vitamina E y ácidos grasos insaturados (aceite de trigo prensado en frío), protegerá los glóbulos rojos y prever la formación de coágulos. Evitará concreciones en las paredes arteriales.
• Y para reforzar las paredes celulares, tome vitamina C.

En su estado, la caída del cabello no es normal

Durante el embarazo, aumenta el espesor y la belleza de su cabello, por lo que cualquier anormalidad en tal sentido será debida a una carencia de nutrientes.

- Su alimentación deberá contener muchas proteínas, calcio, fosfato y flúor.
- La carencia biológica repercute en el cabello. La levadura seca, los gérmenes, el mijo y la coliflor son buenos productos anticarenciales.

Evitar las estrías del embarazo

Cuando a consecuencia de un aumento de peso rápido, la piel se tensa demasiado, puede producirse un desgarramiento del tejido conjuntivo: primeramente se forman finas estrías de color rojo que al cicatrizar más tarde se vuelven blancas (y sólo perceptibles para los iniciados...). El peligro de formación de estas estrías es especialmente grande durante el embarazo.

- La principal medida preventiva es: no engordar súbitamente, sino de manera progresiva y no engordar en exceso.
- La vitamina C proporciona elasticidad a la piel, la betacarotina, la vitamina E y la albúmina son las encargadas de renovar las células. Todas estas vitaminas protegen la piel contra influencias nocivas. Pero sólo si se aportan en cantidad suficiente con la alimentación.
- También puede influir positivamente sobre el contenido líquido de la piel, aplicando diariamente un buen aceite cutáneo sobre las zonas de mayor riesgo.
- No recurra al masaje con cepillos especiales. Lo único que conseguirá es maltratar la piel y que se estríe con más facilidad.

¿Y las manchas del embarazo?

En la mayoría de los casos son de origen hormonal y desaparecen después del parto. Pero también pueden ser una señal de falta de ácido fólico.

- Tome diariamente 1 vaso de zumo de naranja recién exprimido, coma muchas verduras y las manchas desaparecerán.

Los calambres en las piernas son una señal de alarma

Con frecuencia, este tipo de calambres apunta a una carencia de magnesio de graves consecuencias: desde un nacimiento prematuro o un aborto hasta un trastorno evolutivo del bebé. Como a nuestros campos les falta magnesio a causa de la intensificación de los cultivos, mi consejo es que se consuman productos de cultivo biológico.

- Coma, 1 plátano diario y no deje pasar un sólo día sin 1 plato de patatas. Recolecte verduras silvestres (p. ej. acedera, diente de león y ortiga mayor) y cocine con hierbas.
- Si los calambres no remiten, mande preparar una receta magistral a base de magnesio.

Advertencia: el calcio, por sí lo, no basta para combatir lo calambres.

La falta de peso es peligrosa

Restando 100 cm de su estat ra, los centímetros restantes se rán el índice de peso normal (índice de Broca). Reduzca u 15 % más de este índice y el sultado será su peso ideal. Manténgase dentro de sus lím tes o de lo contrario sufrirá ur falta de peso que vendrá a su marse a la lista de riesgos. Lo mujeres con falta de peso, a causa de una alimentación re tivamente insuficiente, sufren c menudo una carencia de nutr tes. Esta carencia aumenta al quedar embarazada y puede perjudicar seriamente el desa llo del bebé, a menos que la rrija engordando. Hasta hace poco, las mujeres que más pr cupaban a los médicos eran obesas, en cambio, en la act lidad se considera un riesgo cho mayor que la mujer esté masiado delgada. La falta de peso no sólo puede provocar nacimientos prematuros y abo tos, sino ocasionar una gesto (pág. 17). No se asuste a la ta de la curva de peso con u aumento de 11–12 kg: los es dios realizados han demostra que las madres que engordar considerablemente durante lo nueve meses del embarazo, adelgazan después del parto con mayor facilidad y rapide que las que sólo han engordo poco. Recuerde, pues, que a alimentación sana y sufi- nte es uno de los recursos s eficaces para evitar riesgos su embarazo y para traer al ndo un bebé sano.

pero también es ligroso pesar masiado

su peso antes del embarazo ера en más de un 20 % el so normal (el «peso Broca» ya ncionado), debe considerar- obesa y, en consecuencia, pensa a padecer hiperten- n, diabetes, varices y enfer- dades renales. Su obesidad va también el peligro de ges- s. Desde el punto de vista dico será calificada como barazada con elevado índice riesgo. Por lo tanto, procure engordar menos (sólo 8 o 9 kg). Pero no se le ocurra someterse a ningún tipo de dieta de adelgazamiento, ya que ello supondría poner en peligro el aporte de nutrientes a su bebé.

- Siga las recomendaciones de la página 7 sobre las calorías.
- Suprima todo tipo de confituras, golosinas y bebidas dulces. Tome fruta fresca o los ligeros platos dulces del recetario, y beba agua mineral.
- Coma pan integral.
- Procure ocuparse en algo que le ayude a no estar siempre pendiente de la comida.
- Y quítese de la cabeza eso de que «ahora ya, todo me es igual».

¿Comer algo en casa antes de ingresar en la clínica?

Entre las primeras contracciones del parto y la última fase del mismo, suele transcurrir bastante tiempo. ¿Puede o debe comer algo entre tanto?

- Si todavía está en casa y tiene hambre, coma algo para que el nivel de glucosa en la sangre no baje repentinamente. Una vez en la clínica ya no le darán nada, pues un estómago lleno supone un riesgo en caso de tener que intervenir quirúrgicamente y nunca se sabe si será necesario o no practicar una cesárea. De todos modos, lo que coma en casa ha de ser de fácil digestión y de alto valor energético (ver pág. 36). Musli (pág. 28 y 29); galletas o pan inte-

olución del peso durante el embarazo

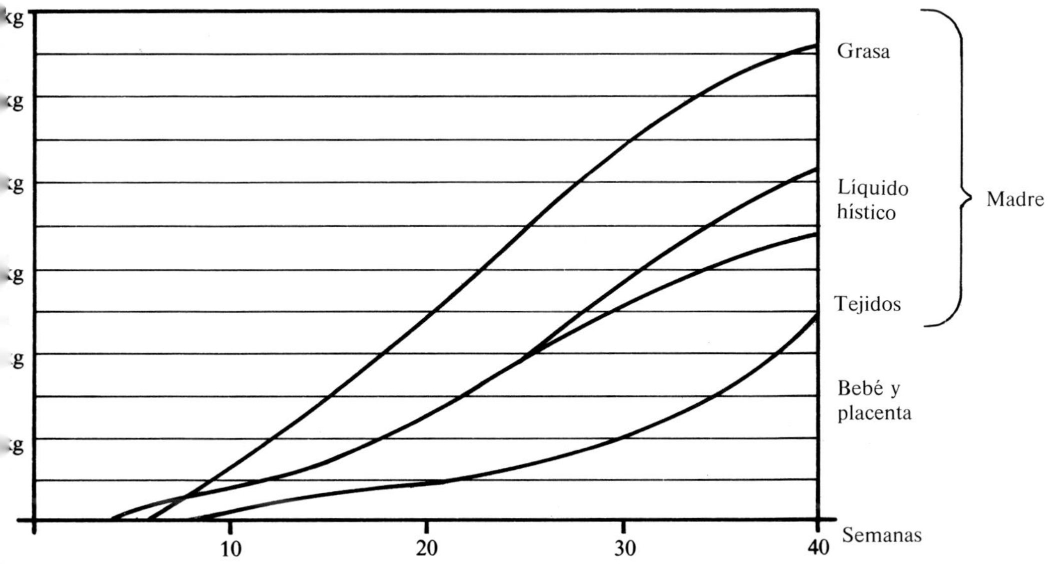

grales son lo más adecuado.

- Como en la clínica ya no le dejarán hacerlo, antes de ser ingresada tome suficiente líquido.
- Mientras le llega el turno en la clínica, tenga a disposición una toallita para que su marido o acompañante pueda humedecerla y refrescarle la cara en los intervalos de las contracciones

Nada de dietas

Como es natural, en su estado no procede llevar a cabo ningún tipo de dieta. Pero si al cabo de un largo día ve que tiene los tobillos hinchados y que le pesan las piernas, puede aligerar su organismo eliminando el líquido acumulado.
Nunca deberá proceder en tal sentido más de 1 o 2 veces al mes, y si nota de verdad una disminución de su malestar general. Lo que no deberá hacer, bajo ningún concepto, es ponerse a régimen si pesa menos de lo normal o padece gestosis.

Advertencia importante:
Aténgase estrictamente a la ingesta de las cantidades de alimento recomendadas, es decir, no coma ni más ni menos.
Renuncie por completo a la sal y a las salsas picantes, al café solo, al té negro, al azúcar y a las bebidas dulces. Sacie la sed tomando té y agua mineral (1 litro, como mínimo). Pero en ningún caso debe pasar hambre.

Día de arroz

Comiendo preferentemente arroz durante todo un día, aportará a su organismo las necesarias sustancias diuréticas (potasio, vitaminas, fibra e hidratos de carbono), pero apenas calcio. Cada día de arroz aporta unas 1 850 calorías, lo cual no se corresponde del todo con la cantidad diaria necesaria, pero tampoco supone un aporte de nutrientes inferior al normal.

Ingredientes por persona y día:
400 g de arroz natural
800 ml de agua
2 cucharadas de aceite de germen de trigo
1 pizca de canela molida
6 cucharadas de zumo de naranja recién exprimido
200 g de brécol
200 g de zanahorias
1 cucharada de perejil picado
200 g de tomates
2 cucharadas de cebollino picado
2 plátanos, 2 manzanas

1. Calentar el arroz el día anterior, añadirle el agua y cocerlo. Luego mezclarlo con el aceite.

2. Para el desayuno, lavar las manzanas, secarlas y rallarlas groseramente. Mezclarlas con la cuarta parte del arroz y sazonar con la canela y el zumo.

3. Para el almuerzo, lavar el brécol y las zanahorias, pelar éstas y trocearlo todo. Cocer ambas en 6 cucharadas de agua, mezclarla con la mitad del arroz y ponerlo a calentar. Añadir el perejil picado.

4. Para la cena, lavar los tomates, cortarlos en dados y mezclarlos con el arroz. Finalmente añadir el cebollino picado.

5. Entre horas puede comer dos plátanos.

Día de queso fresco y verduras crudas

Un menú de estas características aporta muchas proteínas, calcio, vitaminas y fibra, pero menos hidratos de carbono que de costumbre. Ayuda a purificar el organismo y sacia más que la dieta la anterior dieta de arroz.

Ingredientes por persona y día:
1 kg de queso fresco descremado (Quark)
1 cucharada de aceite de germen de trigo
1 plátano
600 g de patatas nuevas
1 pepino, 1 cebolleta
1 cucharada de eneldo picado
1 pizca de pimienta molida
300 g de zanahorias tempranas
1 cucharada de perejil picado
399 g de uvas, 1 naranja

1. Mezclar el queso con el aceite.

2. Para el desayuno, pelar el plátano y molerlo con 250 g de queso o trocearlo y mezclarlo

Para el almuerzo, cocer las
atas con piel. Lavar el pepi-
pelarlo y rallarlo. Lavar la
olleta y cortarla en aros fi-
. Mezclar el pepino, la cebo-
a, el eneldo y la pimienta con
) g de queso y acompañar
400 g de patatas.

Para la cena, lavar las zana-
as, pelarlas y rallarlas.
zclarlas con 300 g de queso
perejil. Pelar los 200 g de
atas y una vez salteadas,
muy poca grasa, servirlas
no guarnición.

Entre horas puede comer la
anja troceada y mezclada
el queso y acompañada
las uvas.

ugerencia

i el queso fresco está de-
asiado duro, añadirle un
oco de agua mineral y ba-
rlo a punto de crema.

ía de arroz y el día de queso co y verduras le proporcionan los ientes necesarios y sirven de adable variación.

Confitura batida en frío

C

Ingredientes para 450 ml:
4 higos maduros
200 g de fresas
1 pizca de cardamomo
150 g de miel
1 paquete de gelatina en polvo

Rápida

En total: 2 800 kj/670 kcal · 4 g de proteínas · 2 g de grasas · 160 g de hidratos de carbono

- Tiempo de preparación: 15 minutos

1. Cortar los higos , raspar la pulpa, pesarla y mezclarla con las fresas limpias hasta obtener un peso total de 450 g.

2. Añadir el cardamomo, la miel y el gelatinizante, y batirlo todo en la mezcladora, o con una batidora eléctrica. Rellenar de confitura los tarros de cristal necesarios. Tiempo máximo de conservación en el frigorífico: 1 semana. Y en el congelador: 4 meses.

Mermelada de frutas con miel

250 g de fresas, 2 nectarinas
250 g de frambuesas
250 g de miel espesa
15 g de gelatinizante

Rica en fibra

En total: 4 800 kj/1 100 kcal · 9 g de proteínas · 2 g de grasas · 270 g de hidratos de carbono

- Tiempo de preparación: 30 minutos.

1. Lavar las bayas y cortar las fresas a la mitad . Lavar y trocear las nectarinas.

2. Poner la fruta y la miel en una cazuela, añadir el gelatinizante y cocer 3 minutos, sin dejar de remover. Hacer la prueba del punto de textura.

3. Rellenar de confitura los tarros de cristal, con tapa de rosca, ponerlos boca abajo y dejarlos enfriar. Tiempo máximo de conservación en el frigorífico: 1 semana.

Sugerencia

Para que la mermelada resulte más fina, puede batirse un poco después de cocida.

Batido vitaminado

B_1 B_6 F Mg

Este batido contiene todas la sustancias nutritivas especial contra las náuseas. Tómelo c mo desayuno.

Ingredientes para 1 vaso:
4 orejones (albaricoques sec
1/4 l de leche (1,5 % de gra
1 plátano, 1 naranja
1 cucharada de levadura

Contra las náuseas

En total: 2 100 kj/500 kcal 24 g de proteínas · 6 g de g sas · 92 g de hidratos de ca no

- Tiempo de remojo: 2 hora
- Tiempo de preparación: 10 minutos

1. Trocear los orejones, rego con la leche y mantenerlos 2 ras en un sitio fresco.

2. Pelar el plátano y la nara y cortarlos en trozos grandes.

3. Introducir la fruta en la me cladora, con la leche, los ore nes y la levadura. Batirlo y to marlo recién hecho.

Foto inferior: Mermelada de fruta con miel.
Foto central: Batido vitaminado.
Foto superior: Confitura batida e frío.

Musli de cereales

B_1 B_2 B_6 F Ca

Para su preparación no hace falta calentar los cereales, con lo que se aprovechan mejor todos sus nutrientes. Su abundante contenido en vitamina del grupo B es lo que ahora más necesita. En caso de no tolerar este tipo de musli en crudo, puede hervir los cereales y tomarlos como prefiera, calientes o fríos. También puede prepararlo a base de copos de cereales.

2 buenas cucharadas de 5 cereales en grano
3 orejones (albaricoques secos)
1 1/4 l de leche
1 manzana dulce
1 cucharada de copos de levadura
1 cucharadita de zumo de manzana bastante consistente

Es necesario ponerlo a remojo la víspera

En total: 2 500 kj/500 kcal · 23 g de proteínas · 13 g de grasas· 74 g de hidratos de carbono

- Tiempo en remojo: toda la noche
- Tiempo de preparación: 10 minutos

1. Si dispone de un molinillo adecuado, moler groseramer la víspera los granos frescos cereales. En caso contrario c prarlos ya molidos.

2. Lavar los orejones (albaric ques secos) y cortarlos en dac

3. Mezclar en un bol los dac de orejones y los cereales mc dos, junto con 5 cucharadas agua. Taparlo, meterlo en el gorífico y dejarlo en remojo c rante toda la noche.

4. A la mañana siguiente, añ dir la leche, Luego lavar y sec la manzana, rallarla groseran te y añadirla al contenido del bol junto con la levadura. Finalmente añadir el jarabe d arce o el zumo.

ˈusli de copos

B_1 B_2 B_6 F Ca

lo hay un plato tan sano co- el musli de cereales frescos: de copos recién prensados. s copos existentes en el merca- han sido sometidos a un pro- so de calentamiento por razo- s de conservación. En cambio os prepara usted misma antes consumirlos, puede utilizar reales crudos y el musli resul- nte tendrá las mismas ventajas e el musli de granos scos,pero debe moler sólo los anos que vaya a necesitar.

cucharadas de avena

plátano pequeño

dátiles frescos

cucharada de germen de go

cucharada de pipas de asol

cucharada de copos de ena

cucharada de miel

00 g de kefir

pida

total: 2 640 kj/630 kcal · g de proteínas · 17 g de asas · 93 g de hidratos de rbono

Tiempo de preparación: 5 minutos

1. Pasar la avena por la prensa de copos.

2. Pelar el plátano y cortarlo en lonchitas. Trocear los dátiles y quitarles las partes duras de la piel.

3. Mezclar en un bol las lonchitas de plátano, los dátiles troceados, el germen de trigo, los copos de avena y las pipas de girasol.

4. Desleir con el kefir y la miel los copos de levadura y añadir al musli la masa resultante. Dejarlo reposar 5 minutos antes de servirlo.

Quark y mango

A E B_1 B_2 B_6 Ca

El mango es tan dulce que se puede prescindir del azúcar. Con la misma receta, puede sustituir el mango por plátano .

1/2 mango maduro
200 g de Quark
1 cucharada de levadura en copos
1 cucharada de germen de trigo
2 cucharadas de nata
1 cucharada de semillas de sésamo

Rápida

En total: 1 700 kj/400 kcal · 38 g de proteínas · 14 g de grasas · 34 g de hidratos de carbono

- Tiempo de preparación: 15 minutos

1. Pelar el mango y cortar la pulpa en gajos, reservando tres para el adorno.

2. Moler el resto de la pulpa y mezclarla con el Quark. Añadir los copos de levadura y el germen de trigo, y removerlo todo.

3. Montar la nata a punto firme y añadirla. Adornar con los gajos de mango reservados.

4. Tostar las semillas de sésamo en una sartén (sin grasa) y espolvorear el plato con ellas.

Sémola de mijo con pudín de fresa

Fe B_2 Ca

El mijo, al igual que el hierro y el flúor, contiene mucho ácido silícico. Es bueno, sobre todo, para el cuidado de los dientes, la piel y el cabello. Si lo prefiere, también puede germinarlo y usarlo según la misma receta.

120 g de fresas,50 g de nata
1 cucharada de melaza
1 cucharada de Agar-Agar
1 trocito de vaina de vainilla
200 ml de leche, 50 g de mijo
2 cucharadas de miel líquida
Unas hojitas de menta fresca

Elaborada

En total: 2 600 kj/620 kcal · 14 g de proteínas · 25 g de grasas · 88 g de hidratos de carbono

- Tiempo de preparación: 3 h 1/4 horas (3 horas de enfriamiento)

1. Lavar las fresas y escurrirlas bien; hacer con ellas un puré y endulzarlas con la melaza.

2. Mezclar el puré de fresas con el Agar-Agar, calentarlo y cocerlo durante 5 minutos.

3. Enjuagar una taza con agu fría, verter el puré de fresas y dejarlo enfriar durante 3 horas

4. Enjuagar una cazuela con agua fría, poner la leche y la vainilla y llevar a ebullición. Lavar el mijo con agua hirviendo, añadirlo a la leche y cocerlo 5 minutos, a fuego lento. Retirarlo del fuego y enfriar.

5. Una vez frío, hacer un puré con la mezcla ya fría, añadirle la nata montada y la miel y mezclarlo bien. Servir en un plato, volcar en el centro el pudín de fresa y adornar con las hojitas de menta.

Sugerencia

Si no dispone de tiempo par hacer el puding de fresa, mézclelas directamente con la papilla de mijo.

En primer término: Sémola de mijo con pudín de fresa.
Detrás: Ensalada de primavera.

Ensalada de primavera

E Ca F Fe

100 g de tirabeques
100 ml de caldo de verdura
150 g de espárragos frescos
Unas hojas de lechuga
1 cucharada de vinagre (o vinagre balsámico)
1 cucharada de aceite de cardo
1 cucharada de mostaza
Sal yodada, 1 huevo duro
Pimienta recién molida
100 g de solomillo de novillo
1 cucharada de margarina blanda
1/2 ramillete de cebollino

Rica en fibra

En total: 1 220 kj/290 kcal · 19 g de proteínas · 21 g de grasas · 8 g de hidratos de carbono

- Tiempo de preparación: 30 minutos

1. Lavar bien los tirabeques y cocerlos 15 minutos en el caldo de verdura. Escurrirlos, reservando un poco del caldo. Lavar los espárragos, pelarlos y una vez quitadas las partes leñosas de los extremos, cortarlos en rodajas de 1/2 cm.

2. Lavar la lechuga y extenderla en un plato. Batir el vinagre con el aceite y la mostaza; mezclar con 3-4 cucharadas del caldo de verdura reservado y sazonar. Mezclarlo todo con las verduras y servir en el plato.

3. Cortar la carne en trocitos, freírla 3-4 minutos en aceite bien caliente y salpimentarla al gusto. Adornar con el huevo duro y el cebollino picado.

Ensalada de invierno

Ca E F

1 lechuga de pico (200 g)
2 naranjas, 1 kiwi
1 cucharada de pasas
1 cucharada de aceite de semilla de calabaza
1 cucharada de nata agria (20 % de grasa)
Sal yodada
Pimienta recién molida
1 ramillete de cebollino picado
1 cucharada de pipas de girasol

Rica en fibra

En total: 1 700 kj/400 kcal · 9 g de proteínas · 18 g de grasas · 51 g de hidratos de carbono

- Tiempo de preparación: 25 minutos

1. Lavar la lechuga y cortarla en tiras. Exprimir una de las dos naranjas y remojar las pasas en el zumo. Pelar la otra y fileteala. Pelar el kiwi y cortarlo en rodajitas. Mezclar la lechuga y frutas.

2. Escurrir las pasas y reserva el zumo; mezclarlo con el ace y la nata y batirlo. Salpimentc añadir el cebollino picado y ñar con todo ello la ensalada Adornar con las pasas.

3. Tostar las pipas de girasol una sartén sin grasa y esparci las sobre la ensalada.

Variantes:
Este tipo de ensalada puede prepararse con cualquiera de las verduras del tiempo existentes en el mercado. En verano puede utilizar colinabo y remocha con manzanas y nueces; bien brecol y calabacín con b yas. La gran variedad de fruta y verduras otoñales, también permitirán elegir a su gusto y cer las combinaciones que qu ra con uvas, manzanas, cirue prunas y peras.

Foto inferior: Ensalada de invierno. Foto superior: Ensalada de primavera.

Hinojo con tomate

E F

1 bulbo de albahaca en aceite
2 cucharadas de aceite de oliva
Sal yodada, 2 tomates
1 cucharada de vinagre balsámico
Pimienta recién molida

Rica en fibra

En total: 1 000 kj/240 kcal · 10 g de proteínas · 11 g de grasas· 19 g de hidratos de carbono

• Tiempo de preparación: 45 minutos

1. Precalentar el horno a 200 ºC. Lavar el hinojo, arrancar el verde, reservarlo y cortar el bulbo a la mitad.

2. Extender un trozo de papel de aluminio, con la cara mate hacia arriba, frotarlo con el aceite o la albahaca y colocar encima el hinojo, con el corte hacia abajo. Formar un paquete con el papel bien cerrado, meterlo en el horno (potencia 3) y dejarlo dentro 35 minutos.

3. Escaldar los tomates, pelarlos y picarlos. Picar el verde del hinojo y mezclarlo con los tomates, aceite, sal, vinagre y pimienta.

4. Cortar el hinojo en rodajas y añadirlo a la salsa. Dejar reposar y servirlo templado con pan.

Ensalada mediterránea

C Ca Mg

200 g de patatas poco harinosas
150 g de berenjenas, 1 tomate
Aceite para freír
1 ramillete de albahaca
80 g de queso fresco de oveja
1 cucharada de zumo de limón
2 cucharadas de caldo de verdura
Sal de hierbas, 1 calabacín
Pimienta recién molida
1 cucharada de aceite de oliva

Rica en fibra

En total: 2 100 kj/500 kcal · 22 g de proteínas · 24 g de grasas · 46 g de hidratos de carbono

• Tiempo de preparación: 30 minutos

1. Lavar bien las verduras, cocer las patatas con piel en un poco de agua, pelarlas y cortarlas en rodajas.

2. Cortar la berenjena en rodajas de 1 cm. Cubrir con papel de aluminio una placa de horno; engrasarla con aceite y poner encima las rodajas de berenjena; asarlas por ambos lados hasta que se ablanden y luego cortarlas en dados.

3. Rallar el calabacín y corta tomate en daditos. Lavar la al bahaca y cortarla en tiras. Cortar el queso en dados gru sos.

4. Mezclar el zumo de limón con el caldo, el aceite y las e pecias, y batirlo bien.

5. Dejar reposar las patatas e el aliño y añadir después el re to de los ingredientes.

Sugerencia

Este tipo de ensaladas pueden llevarse fácilmente al lugar de trabajo y tomarlas a mediodía. Por la noche, ya e casa, bastará una cena preparada como de costumbre. Si por el contrario, está todo el día en casa, estas ensaladas son excelentes para cenar.

Foto superior: Hinojo con tomate.
Foto inferior: Ensalada mediterrán

Ensalada de maíz

E A Ca

- *2 panojas pequeñas de maíz*
- *250 g de zanahorias tempranas*
- *1 pizca de azafrán molido*
- *1/8 l de caldo de verdura ya preparado*
- *Sal yodada, 1/2 pepino*
- *Pimienta recién molida*
- *1 cucharada de mostaza suave*
- *1 cucharada de aceite de gérmen de trigo*
- *1/2 ramillete de perifollo*
- *100 g de queso Mozzarella*
- *2 cucharadas de pipas de calabaza, sin pelar*

Rica en fibra

En total: 1 725 kj/410 kcal · 27 g de proteínas · 22 g de grasas · 26 g de hidratos de carbono

- Tiempo de preparación: 45 minutos

1. Limpiar las panojas, y luego lavarlas. Cortar el grano de arriba a abajo. Pelar las zanahorias y cortarlas en rodajas. Pelar el pepino, cortarlo a la mitad y quitarle las semillas. Luego cortarlo en lonchas.

2. Desleír el azafrán en el caldo; sazonar con pimienta y cocer en él las zanahorias durante 5 minutos, a fuego lento. Añadir el maíz y cocer 10 minutos más.

3. Añadir finalmente el pepino y cocer otros 10 minutos.

4. Escurrir el caldo, mezclarlo con la mostaza y el aceite y añadirlo a la salsa. Salpimentar al gusto.

5. Arrancar las hojitas del perifollo, cortar en daditos el queso Mozzarella y mezclarlo con el perifollo. Añadir ambas cosas a la verdura y rociarlo todo con la salsa. Tostar las pipas de calabaza y esparcirlas por la ensalada. Dejarla reposar 15 minutos y servirla templada.

Ensalada de patata con solomillo de cordero

C F Mg

Esta ensalada equivale a una comida completa. Como se conserva bien, puede prepararse para dos comidas, o bien «invitar» a su marido.

Ingredientes para 2 comidas :

- *200 g de solomillo de cordero*
- *5 cucharadas de aceite de oliva*
- *2 cucharadas de salsa de soja*
- *600 g de patatas poco harinosas*
- *Sal yodada*
- *1/8 de litro de caldo de verdura*
- *1 cucharada de mostaza*
- *Pimienta recién molida*
- *1 cucharada de perejil*

Rápida

Por ración : 3 500 kj/830 k
53 g de proteínas · 33 g de grasas · 86 g de hidratos de carbono

- Tiempo de preparación: 1 hora

1. Cortar el solomillo en filete
Mezclar 3 cucharadas de ac
con la salsa de soja y envolv
la carne en la mezcla.

2. Lavar las patatas y cocerla
con piel en agua salada dura
20 minutos.

3. Hervir el caldo de verdura
añadir1 taza a la cazuela y p
mienta, y retirarla del fuego.
Freír los filetes, por ambos lados, a la plancha.

4. Pelar las patatas ya cocid
cortarlas en rodajas y mezcla
las con la carne.

5. Añadir al caldo el resto de
aceite, el zumo de limón y sa
rociar con ello la ensalada.
Espolvorearla con perejil y de
la reposar un momento antes
servirla.

Foto superior: Ensalada de maíz.
Foto inferior: Ensalada de patata solomillo de cordero.

Trigo alforfón con champiñones

C B_2 B_6

Las setas contienen proteínas vegetales de gran calidad, mezcladas con cereales acrecientan su valor nutritivo. Si la mezcla la hacemos con cereales en grano, obtendremos fácilmente un almuerzo de fácil digestión.

100 g de trigo alforfón en grano
100 g de pimientos rojos
200 ml de caldo de verdura
Sal yodada
Pimienta recién molida
Nuez moscada rallada
200 g de champiñones
1 cucharada de perejil picado
1 cucharada de nata (10 % de grasa)

Rápida
Rica en fibra

En total: 1 910 kj/460 kcal · 17 g de proteínas · 9 g de grasas · 75 g de hidratos de carbono

- Tiempo de preparación: 25 minutos

1. Hervir agua, añadir el trigo y cocerlo suavemente durante 2 minutos. Escurrirlo en un colador y pasarlo por agua fría.

2. Volver a cocer el trigo con el caldo y, pasados 5 minutos, añadir el pimiento troceado, sazonar con sal y pimienta y nuez moscada, y mezclarlo todo. Tapar la cazuela y dejar cocer 5 minutos , a fuego muy suave.

3. Limpiar los champiñones. Saltearlos y salpimentarlos.

4. Añadir al trigo el perejil y las especias. Servirlo en un plato con los champiñones encima y adornado con la nata.

Pleurotos con quinoa

C B_1 B_6

80 g de quinoa en grano
170 ml de caldo de verdura
200 g de pleurotos
1 cucharada de mantequilla
Sal yodada, 2 tomates
Pimienta recién molida
1 cucharada de zumo de limón
1 cucharada de perejil picado
2 cucharadas de nata agria (10 % de grasa)

Rápida
Rica en fibra

En total: 2 400 kj/570 kcal · 17 g de proteínas · 24 g de grasas · 68 g de hidratos de carbono

- Tiempo de preparación: 30 minutos.

1. En una cazuela sin grasa, tostar la quinoa, regarla con caldo y cocerla durante 15 mi nutos. Retirar la cazuela del f go, taparla y dejar reposar.

2. Escaldar los tomates, pela y cortarlos en gajos.

3. Limpiar las setas y cortarlo en tiras. Calentar la grasa y f írlas hasta que se doren. Sazonar con sal, pimienta y z mo de limón.

4. Añadir la quinoa a las set freír y cuando el grano esté b caliente incorporar el perejil y los tomates. Dejarlo reposar y servirlo con la nata.

Sugerencia

No lavar los pleurotos, ya q absorben agua. Estas setas de cultivo se venden ya limpias y sólo es necesario limpiarlas con papel de cocina

Foto superior: Pleurotos con quin
Foto superior: Trigo alforfón con champiñones.

Crepes de espinacas a la crema

B_2 Ca

40 g de harina integral, 1 huevo
Sal yodada
1 cucharadita de semillas de lino oscuras
100 ml de leche
300 g de espinacas frescas
1 cucharadita de aceite de oliva
50 g de nata agria (20 % de grasa)
40 g de yogur natural
1 cucharada de copos de levadura
Pimienta recién molida
Nuez moscada recién rallada
Sal de hierbas

Rápida
Rica en fibra

En total: 2 100 kj/500 kcal · 32 g de proteínas · 24 g de grasas · 38 g de hidratos de carbono

- Tiempo de preparación: 30 minutos

1. Batir el huevo con la harina, añadir la leche y la semilla de lino; salarlo y dejarlo reposar hasta que aumente. Lavar las espinacas. Calentar el aceite en una sartén, hacer con la masa un crepe y freírlo por ambos lados.

2. Poner las espinacas en una cazuela y dejar que se ablanden a fuego suave.

3. Añadir la nata agria, el yogur y los copos de levadura y, una vez mezclado todo con las espinacas, sazonar con las especias, extender sobre el crepe, doblarlo y servirlo.

Tortilla de patata y calabacín

C Mg

1 huevo, 150 g de patatas
3 cucharadas de harina
Sal yodada, 100 g de calabacín
Pimienta recién molida
1 cucharada de aceite de oliva
6 cucharadas de zumo de tomate
Salsa de soja, 1 pimiento rojo
1 chispa de salsa Worcester

Económica

En total: 1 800 kj/430 kcal · 16 g de proteínas · 17 g de grasas · 53 g de hidratos de carbono

- Tiempo de preparación: 30 minutos

1. Lavar las patatas, pelarlas y rallarlas. Lavar el calabacín, rallarlo y mezclarlo con las patatas, el huevo y la harina. Sazonar con sal y pimienta.

2. Precalentar fuerte el grill. Calentar el aceite en una sar antiadherente, poner la masc patata y calabacín, aplastarl tapar y dejar que se haga 7 nutos, a fuego medio; darle l vuelta y dejarla otros 7 minut

3. Colocar el pimiento en pc de aluminio, meterlo al hornc hasta que la piel esté tostadc

4. Sacar el pimiento, salarlo ponerlo en un paño de cocin humedecido para que se enf pelarlo, cortarlo a la mitad y quitarle las semillas y las piel

5. Trocear el pimiento, mezc lo con el zumo de tomate, la sa de soja y la de Worceste Hacer un puré con todo, salp mentarlo y servirlo con la tort

Sugerencia

Si su estómago lo tole bien, puede moler el pimie to en crudo, de este mo aprovechará al máximo contenido en vitamina C.

Foto superior: Crepes de espina a la crema.
Foto inferior: Tortilla de patata y bacín.

Crema de calabaza

E

Si lo desea puede enriquecerlas con nueces molidas, un poco de mantequilla o carne en puré.

300 g de calabaza
1 cucharada de mantequilla
150 ml de caldo de verdura
1 cucharada de crema fresca
1 pizca de nuez moscada recién rallada
Pimienta recién molida
Sal yodada
1 cucharada de pipas de calabaza
1 cucharada de germen de trigo

Puede congelarse

En total: 1 500 kj/360 kcal · 11 g de proteínas · 27 g de grasas · 18 g de hidratos de carbono

- Tiempo de preparación: 25 minutos

1. Cortar la calabaza en rajas, pelarlas, retirar las pipas y quitarle la parte fibrosa interior.

2. Cortar la pulpa en dados, rehogarlos en la mantequilla y mojar con el caldo. Cocer 15 minutos a fuego medio.

3. Hacer un puré con todo y añadir la crema fresca. Si queda espesa, agregarle de caldo de verdura. Calentar y sazonar con las especias.

4. Tostar las pipas en una sartén sin grasa. Añadir a la sopa el germen de trigo y esparcir las pipas tostadas.

Consejo:

La calabaza ideal para esta receta es la Hokkaido, por su especial aroma. Pero de no encontrarla en el mercado o en establecimientos naturistas puede sustituirse por cualquier otro tipo de calabaza o simplemente por calabacines.

Crema de apio y gambas

El apio y el perejil son un buen reconstituyente estomacal. Las gambas, por su parte, aportan una cantidad importante de cinc.

150 g de bulbo de apio
100 g de raíz de perejil
1/8 l de caldo de verdura
50 g de nata agria (20 % de grasa)
2 cucharadas de copos de levadura
Sal yodada
Pimienta recién molida
100 g de gambas cocidas

Refinada

En total: 1 400 kj/330 kcal 41 g de proteínas · 10 g de grasas · 20 g de hidratos de carbono

- Tiempo de preparación: 35 minutos

1. Lavar el perejil y el apio, y una vez pelado éste, cocer e el caldo durante 25 minutos.

2. Hacer un puré y añadir la nata y los copos de levadura. Calentar y salpimentarla.

3. Servirla adornada con las gambas.

Sugerencia

Esta sopa puede prepararse también con zanahorias, remolacha y raíz de pastinaca o chirivía. Los copos de levadura aportan vitamina B_2, t importante en el embarazo. De esta receta existen dos v siones: una de sabor neutro otra picante. La adición de copos enriquece las comid resultando especialmente b nos en ensaladas y sopas, musli y en batidos de leche. Pero no deben calentarse p ra no destruir la vitamina B.

Foto inferior: Crema de apio y g bas
Foto superior: crema de calabaz

Corvina a la crema de finas hierbas

C Mg Y Fl

200 g de patatas pequeñas
Sal yodada, 1/2 lechuga
200 g de filetes de corvina
2 cucharadas de zumo de limón
pimienta recién molida
1/2 ramillete de perifollo
1/2 ramillete de cebollino
1/2 ramillete de eneldo
1 cucharaditas de mantequilla
2 cucharadas de crema fresca.

Rica en vitaminas

En total: 220 kj/520 kcal · 419 g de proteínas · 28 g de grasas · 29 g de hidratos de carbono

- Tiempo de preparación: 40 minutos

1. Lavar las patatas y cocerlas con piel en agua de sal.

2. Lavar el pescado, secarlo, rociarlo con zumo de limón y salpimentarlo. Lavar las hierbas, secarlas y picarlas. Lavar la lechuga, y cortarla en tiras finas.

3. Derretir en una cazuelita 1 cucharada de mantequilla. Hacer el pescado durante 10 minutos, dándole una vez la vuelta. Si se pega, añadirle agua. En otra cazuela, derretir el resto de la mantequilla, añadir la lechuga y rehogarla 10 minutos, hasta que esté blanda.

4. Hacer un puré con la lechuga, añadiéndole la crema fresca. Calentar la salsa ,añadir las hierbas y salpimentar. Servirla con el pescado y las patatas.

Pez de San Pedro con crema de tomate

Y Fl

200 g de filetes de pez de San Pedro (o filetes de gallo)
1 cucharada de zumo de limón
Sal yodada
Pimienta recién molida
60 ml de caldo de gallina
1 cucharada de tomate
1 cucharada de mantequilla
1 cucharada de harina
2 cucharadas de nata montada

Rápida

En total: 1 500 kj/360 kcal · 36 g de proteínas · 21 g de grasas · 10 g de hidratos de carbono

- Tiempo de preparación: 30 minutos

1. Rociar el pescado con zumo de limón y salpimentarlo.

2. Hervir el caldo y cocer en el pescado durante 10 minut a fuego suave. Sacarlo del c do y mantenerlo caliente.

3. Desleir en el caldo el tom concentrado, mezclar la man quilla con la harina, añadirla tomate y remover hasta que e piece a hervir.

4. Incorporar la nata a la sal y salpimentar. Servir la crema de tomate en un plato y pone encima el pescado. Como gu nición,unas patatas.

Sugerencia

Si no desea tomar prepara a base de yodo, es impresc dible que coma pescado, p lo menos 2 veces por sema que es la cantidad ideal. Consuma exclusivamente sa yodada y coma pan cocido con este mismo tipo de sal. Puede adquirirlos en estable mientos dietéticos o encarg selo a su panadero.

Foto inferior : Pez de San pedro crema de tomate.
Foto superior: Corvina a la crem finas hierbas

Trucha asalmonada sobre lecho de espinacas

Ingredientes para 2 personas:

2 filetes de trucha asalmonada (de 200 g cada una)
2 cucharadas de zumo de limón
Sal yodada
Pimienta recién molida
500 g de espinacas frescas
Nuez moscada recién rallada
2 cucharadas de mantequilla o margarina blanda
100 g de zanahorias tempranas
1 cebolleta
1 cucharada de harina
100 ml de caldo de verdura
50 g de crema fresca
4 cucharadas de nata.

Refinada

Por persona: 2 300 kj/550 kcal · 47 · g de proteínas · 35 g de grasas · 10 g de hidratos de carbono

- Tiempo de preparación: 50 minutos

1. Rociar con zumo de limón filetes de pescado y salpimen los. Hervir abundante agua c sal y blanquear las espinacas previamente lavadas, durante 1-2 minutos. Pasarlas por agu fría, escurrirlas y sazonarlas c sal, pimienta y nuez moscadc

2. Engrasar un molde y precc lentar el horno a 180 ºC Distribuir las espinacas sobre fondo del monde y poner enc ma el pescado.

3. Pelar y lavar las zanahoric la cebolleta, y luego cortarlas juliana fina. Rehogar las verd ras en el resto de la mantequi espolvorearlas con harina y d rarlas ligeramente. Añadir el do, la crema fresca y la nata, dar un ligero hervor. Sazonar con sal, pimienta y zumo de món.

4. Rociar el pescado con la s sa y gratinarlo en el centro de horno durante 25 minutos.

almón
nvuelto en
ojas de arroz

F

redientes para 2 personas:

iletes de salmón (de 120 g
da uno)

:ucharadas de zumo de limón

l yodada

nienta recién molida

2 pimiento rojo

:ebolletas

aza de brotes de habas de
a (120 g)

/2 cucharada de aceite de
amo

rocito de jengibre

a pizca de toronjil molido

:ucharada de vino de arroz

/2 cucharada de salsa de
a

nojas de papel de arroz
pecialidad china que puede
stituirse por pasta tipo brick de
cm de Ø)

asa para el molde.

finada

persona: 1 400 kj/330
al · 29 g de proteínas · 24 g
grasas · 8 g de hidratos de
rbono

Tiempo de preparación:
15 minutos

1. Rociar el salmón con zumo de limón y sazonarlo con sal y pimienta. Lavar y secar el pimiento rojo y cortarlo en juliana fina. Lavar la cebolleta y cortarla en aros finos. Lavar bien los brotes y escurrirlos. Pracalentar el horno a 200 ºC.

2. Calentar en una sartén 1 cucharada de aceite de sésamo y sofreir las verduras durante 2 minutos. Añadir el jengibre pelado y picado. Sazonar con el toronjil, el vino de arroz y 1 cucharada de salsa de soja.

3. Remojar las hojas de papel de arroz en agua fría. Colocarlas de dos en dos, sobre en paño de cocina y secarlas . Cubrir de verdura cada una , poner encima un filete de pescado, y acabar cubriéndolo con la verdura restante. Envolver las hojas de arroz formando un paquete.

4. Batir el resto de la salsa de soja con el aceite sobrante; engrasar el molde y colocar dentro los paquetitos. Pintarlos con aceite y colocarlos en el centro del horno. Dejarlos dentro unos 15 minutos, hasta que se doren, y servirlo a continuación.

Cazón a la parrilla

Y Fl

Ingredientes para 2 personas:
2 rodajas gruesas de cazón (de 200 g cada una)
4 cucharadas de zumo de limón
1 cucharada de aceite de oliva
Sal yodada
1 pizca de curry en polvo
500 g de calabacines
1 cucharadita de mantequilla blanda o margarina
2 cucharadas de caldo de verdura
1 ramillete de eneldo
2 cucharadas de nata agria (20 % de grasa)
Pimienta blanca recién molida
Nuez moscada recién rallada
Grasa para untar

Exquisita

Por persona: 2 500 kj/600 kcal · 46 g de proteínas · 38 g de grasas · 6 g de hidratos de carbono

- Marinado: 1 hora
- Tiempo de preparación: 30 minutos

1. Mezclar el zumo de limón con el aceite, sal y el curry; untar el pescado y dejarlo marinar 1 hora en el frigorífico

2. Lavar los calabacines y cortarlos en rodajas finas. Calentar la mantequilla, añadir los calabacines y el caldo y cocerlo 10 minutos a fuego medio.

3. Poner el pescado en papel de aluminio engrasado y asarlo al grill durante 4-6 minutos por cada lado.

4. Picar el eneldo, mezclarlo con la nata y añadirlo. Sazonar con sal, pimienta y nuez moscada y servirlo de guarnición con el pescado.

Brochetas de atún

Y Fl

Ingredientes para 2 personas:
400 g de atún , sal yodada
2 cucharadas de zumo de limón
1/2 manojo de cebolletas
1 pimiento rojo, 1/2 pepino
100 g de champiñones
2 cucharaditas de pimentón dulce
2 cucharaditas de Curry
4 cucharadas de ketchup
1/2 cucharadita de mostaza
1 cucharada de crema fresca
Grasa para freír

Rápida

Por persona: 2 500 kj/600 kcal · 45 g de proteína, · 33 g de grasas · 15 g de hidratos de carbono

- Tiempo de preparación: 30 minutos

1. Cortar el pescado en dad y rociarlos con zumo de limó Lavar la verdura y cortarla en dajas.

2. Mezclar 1/2 cucharadita sal con las especias y envolv el pescado. Formar las broch tas, alternando las verduras c el pescado.

3. Calentar la grasa en una tén y freír las brochetas duran 10 minutos, a fuego medio, dándoles la vuelta. O bien ur las brochetas con aceite y ha cerlas al grill, volviéndolas de mismo modo.

4. Batir el ketchup, la mostaz la crema fresca, y servir la cr ma con las brochetas.

Sugerencia

Como variante puede prepa rar igualmente brochetas de gambas o cigalas, muy rica en yodo. Las dos recetas de esta página también puede variarlas a base de carne: u lice para ello bistec de novi- llo, muy apropiado para fre o emparrillar y, además, ric en flúor.

Foto inferior: Brochetas de atún
Foto superior: Cazón a la parrilla

Carne a la vienesa con verdura

A C H

Ingredientes para 2 personas:
1/8 l de caldo de verdura
1/8 l de mosto de pan (de venta en establecimientos dietéticos)
400 g de punta de novillo
500 g de brécol, 2 tomates
1/2 ramillete de perifollo
Pimienta recién molida
Sal yodada, salsa de soja

Rica en fibra

Por persona: 2 600 kj/620 kcal · 54 g de proteínas · 22 g de grasas · 56 g de hidratos de carbono

- Tiempo de preparación: 2 horas (incluyendo 1 hora de cocción)

1. Hervir el caldo de verdura con el mosto de pan y añadir la carne. Reducir el calor al mínimo y cocer durante 1 hora.

2. Lavar las verduras, pelarlas y trocearlas. Añadir a la carne las zanahorias y las patatas, y dejar que cuezan 15 minutos más. Añadir el brécol y dejarlo cocer.

3. Escaldar los tomates, pelarlos y picarlos. Arrancar las hojitas del tallo de perifollo y añadirlas, junto con los tomates, casi al final de la cocción. Sazonar con sal, pimienta y salsa de soja. Cortar la carne en lonchas y servirla con las verduras.

Carne salteada con verduras

C Fe

Ingredientes para 2 personas:
300 g de pimientos amarillos
400 g de tomates, 1 cebolla
200 g de filetes de novillo
1 cucharada de mantequilla clarificada
1/4 de cucharilla de sal yodada
1 pizca de pimienta molida
1/2 cucharadita de pimentón dulce
1 lata pequeña de granos de maíz
1 cucharada de perejil picado

Rica en fibra

Por persona: 1 400 kj/330 kcal · 27 g de proteínas · 13 g de grasas · 27 g de hidratos de carbono

- Tiempo de preparación: 40 minutos

1. Lavar los pimientos y los tomates. Cortar los pimientos a la mitad y, una vez limpios, cortarlos en juliana. Cortar los tomates en dados grandes, pelar la cebolla y picarla. Por último, cortar los filetes en tiras finas.

2. Calentar la mantequilla en una sartén grande. Saltear la carne, añadir la cebolla y el miento en juliana y sazonar c sal, pimienta y pimentón. Seg friendo 10 minutos más, proc rando remover a menudo.

3. Incorporar a la sartén los dos de tomate y los granos d maíz con su jugo; dejar que haga todo durante 10 minut más y servir la carne espolvo da con perejil.

Sugerencia

La carne es uno de los alime tos más importantes para el aporte de hierro. Compre pr ferentemente carne roja y ma gra y combínela con verdura ricas en vitamina C o zumos para aprovechar así al máximo el hierro. Recuerde, no obstante, que el aporte de hi rro disminuye si se combina con el calcio de la leche o s consumo acompañada de té

Foto superior: Carne a la vienesa con verduras
Foto inferior:Carne salteada con duras

Pechuga de pollo con tomate

B6 Fe

Ingredientes para 2 personas:
250 g de pechuga de pollo
Sal yodada, pimentón dulce
Harina, 1 puerro
1 cucharada de mantequilla
1/8 l de caldo de verdura
500 g de tomates
2 cucharadas de nata agria (20 % de grasa)

Rápida

Por persona: 1 100 kj/260 kcal · 33 g de proteínas· 10 g de grasas · 12 g de hidratos de carbono

- Tiempo de preparación: 20 minutos

1. Cortar la pechuga en tiras finas y salarlas. Mezclar la harina y el pimentón y envolver la carne con la mezcla.

2. Limpiar y lavar bien el puerro y cortarlo en aros.

3. Calentar la mantequilla, freír la carne, añadir el puerro y sofreírlo también. Mojar con el caldo, tapar y dejar que se haga durante 5 minutos.

4. Escaldar los tomates, pelarlos y cortarlos en gajos finos.

5. Añadir la salsa a la nata, incorporar los tomates y calentarlos. Servir, al gusto, con guarnición de arroz blanco o pasta.

Pollo cocido con verduras

A C H

Ingredientes para 4 personas:
1 pollo de 1 1/2 kg
1/2 cucharadita de sal yodada
Pimentón dulce
Pimienta recién molida
1 l de caldo de verdura
1 coliflor pequeña
300 g de brécol
200 g de zanahorias
150 g de granos de maíz
150 g de sémola de maíz

Refinada

Por persona: 2 300 kj/ 550 kcal · 61 g de proteínas · 15 g de grasas · 42 g de hidratos de carbono

- Tiempo de preparación: 1 hora y 15 minutos (incluyendo 1/4 de hora de cocción)

1. Lavar el pollo por dentro y por fuera, y secarlo bien. Mezclar la sal con el pimentón, pimienta y 1 cucharada de zumo de limón, y frotar bien el pollo con la mezcla.

2. Hervir el caldo en una cazuela, añadir el pollo y el zumo de limón restante y llevar a ebullición. Dejarlo cocer suavemer durante 20 minutos.

3. Lavar las verduras y separ los trocitos de la coliflor y el b col. Pelar los tallos y las zana rias y luego cortar ambos en ditos. Añadirlos al pollo y dej que cueza todo a fuego suav

4. Pasados 15 minutos, incor porar la coliflor y el brécol y c cer 10 minutos más. Luego añ dir los granos de maíz, bien escurridos, y dejar que se caliente en el caldo.

5. Sacar el pollo y las verdur añadir al caldo la sémola de maíz, en forma de lluvia, y lle a ebullición, removiendo cont nuamente. Separar un poco d fuego y dejar que siga hirvien do, muy suavemente, durante 10 minutos, hasta que espese Servirla junto con las verduras la carne.

Foto inferior: Pollo cocido con ver ras.
Foto superior: Pechuga de pollo c tomate.

Hamburguesas al horno

A B_1 B_2 H

Las hamburguesas hechas al horno resultan mucho más suaves, ya que no absorben grasa, como cuando se fríen.

Ingredientes para 2 personas:
- *250 g de carne de novillo picada*
- *250 g de Quark (o queso fresco descremado)*
- *1 huevo pequeño*
- *80 g de copos de avena finos*
- *1/2 cucharadita de sal yodada*
- *Pimienta recién molida*
- *1/2 cebolla*
- *1 diente de ajo pequeño*
- *Aceite para engrasar el papel de aluminio*

Rápida

Por persona: 2 440 kj/580 kcal · 48 g de proteínas · 30 g de grasas · 29 g de hidratos de carbono

- Tiempo de preparación: 35 minutos

1. Poner la carne picada en recipiente hondo, añadir el q so, el huevo y los copos de a na, y amasarlo todo bien has obtener una masa homogéne Sazonarla con sal y pimienta.

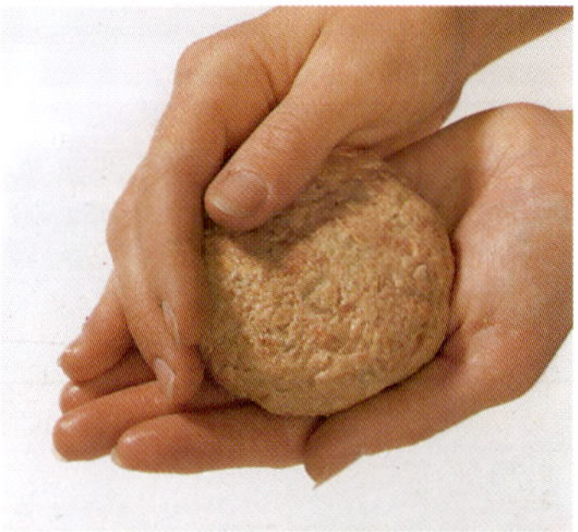

2. Picar finamente la cebolla el ajo y añadirlos a la carne. Mezclarlo todo bien y formar unas hamburguesas, no demc siado grandes.

3. Engrasar un papel de alur nio, poner encima las hambu guesas y meterlas al horno yc precalentado.

4. Dejar que se asen 3 minu por cada lado, y servirlas co ensalada.

arne picada
on colinabo

Fe

a rápida y sencilla receta
ede variarla con diferentes
duras: zanahorias, repollo,
verde rizada, puerros, coli-
, brécol, hinojo. Además, si
prepara en cantidades gran-
, puede congelarla sin nin-
n problema.

redientes para 2 personas:
0 g de colinabo
cucharada de mantequilla o rgarina blanda
0 g de carne de novillo ada
yodada
ienta recién molida
cucharadas de nata

pida
a en fibra

persona: 1 915 kj/460
l · 34 g de proteínas · 30 g
grasas · 10 g de hidratos de
bono

iempo de preparación:
0 minutos

1. Lavar el colinabo, quitarle las hojas duras y reservar las tiernas. Pelar los bulbos y cortarlos en rodajas.

2. Derretir la grasa en una cazuela, añadir la carne y sofreirla a fuego lento hasta que se dore. Salpimentarla.

3. Lavar bien las hojas tiernas del colinabo, picarlas y añadirlas a la carne, junto con las rodajas de los bulbos. Remover y dejar cocer 20 minutos, a fuego suave.

4. Refinar la salsa con la nata. Se sirve con arroz blanco o patatas cocidas con piel.

Sopa de albaricoque con queso fresco y coco

A C Ca

5 albaricoques maduros
1 sobrecito de azúcar avainillado
1 cucharada de coco rallado
50 g de queso fresco (Quark), de 20 % de grasa
1 chorrito de agua mineral
Unas hojas de toronjil

Rápida

En total: 880 kj/210 kcal · 9 g de proteínas · 9 g de grasas · 23 g de hidratos de carbono

- Tiempo de preparación: 15 minutos

1. Cortar los albaricoques a la mitad, sacar el hueso y hacer un puré con la pulpa.

2. Añadir al puré la mitad del azúcar avainillado y mezclar el resto con el coco rallado y el queso. Ponerlo a enfriar.Servir el puré de albaricoques en un plato, añadirle el agua mineral y batirlo hasta que forme espuma.

3. Servir el queso en el centro y adornar con el toronjil.

Mousse de fresa

C F Ca

2 1/2 hojas de gelatina blanca
1 cucharada de zumo de naranja
200 g de yogur natural
20 g de azúcar de caña integral
200 g de fresas
1 clara de huevo

Elaborada

En total: 880 kj/210 kcal · 10 g de proteínas · 9 g de grasas · 41 g de hidratos de carbono

- Tiempo de preparación: 30 minutos
- Tiempo de reposo: durante la noche

1. Remojar la gelatina en agua fría durante 10 minutos. Desleírla en el zumo de naranja, a fuego lento, y retirarla luego del calor. Añadir poco a poco el yogur y el azúcar.

2. Lavar las fresas y quitarles los rabillos. Añadir unos 100 gramos de ellas a la masa de yogur, reservando las más vistosas. Hacer un puré y ponerlo a enfriar. Cuando la masa empiece a cuajar, incorporar la clara de huevo batida a punto de nieve

3. Enjuagar con agua fría una flanera de 1/2 litro, rellenar con la masa y dejarla que cuaje e el frigorífico durante la noche Para volcarlo fácilmente, intro cir por un instante el fondo de molde en agua hirviendo. Adornar con las fresas reserv das.

Sugerencia

Durante el embarazo surge repente una especial apeten cia de cosas dulces. Si disp ne de poco tiempo, puede preparar, dado el caso, un yogur con frutas en muy poc tiempo: trocee finamente alg de fruta del tiempo, añada yogur semidescremado, 1 c charadita de miel y unos co pos de levadura y mézclelo todo bien. Resulta mejor tod vía mezclar el yogur con un bayas congeladas, que ade más contienen mucha fibra abundantes vitaminas.

Foto inferior: Sopa fría de albari que con queso fresco y coco. Foto superior: Mousse de fresa.

Tortita de frambuesas

B_1 B_6 C

1 cucharada de harina de trigo
3 cucharadas de copos de avena finos
1-2 cucharadas de copos de levadura
4 cucharadas de leche
1 pizca de sal, 1 huevo
100 g de frambuesas
1 cucharadita de mantequilla
1 cucharada de azúcar glas

Rica en fibra
Rápida

En total: 1 800 kj/430 kcal · 24 g de proteínas · 16 g de grasas · 48 g de hidratos de carbono

• Tiempo de preparación: 15 minutos

1. Separar la clara de huevo de la yema, mezclarla ésta con la harina, los copos de avena, los copos de levadura, la leche y la sal, y batirlo hasta obtener una masa espesa. Batir la clara a punto de nieve y añadirla a la masa con cuidado.

2. Limpiar y lavar las frambuesas.

3. Calentar la mitad de la grasa en una sartén antiadherente, y verter la masa. Esparcir las frambuesas, tapar la sartén y hacer la tortita, durante 4 minutos, hasta que la parte de abajo se dore y la de arriba quede, con un aspecto jugoso.

4. Extender por encima de la tortita el resto de la mantequilla en copos, y dejar que se derritan. Servirla en un plato, espolvoreada con azúcar glas.

Ñoquis de queso fresco con puré de fresas

B_1 B_6 C

Ingredientes para 2 personas:
250 g de queso fresco descremado (Quark)
1 cucharadita de mantequilla
Sal, 1 pizca de canela molida
70 g de harina integral de trigo
2-3 cucharadas de sémola
150 g de fresas, 2 huevos
1 cucharada de azúcar de caña granulado

Rica en fibra

Por persona: 1 700 kj/400 kcal · 30 g de proteínas · 10 g de grasas · 49 g de hidratos de carbono

• Tiempo de preparación: 35 minutos

1. Batir el queso con los huevos y la mantequilla, hasta obtener una masa suave. Añadir una pizca de sal, la harina y 2 cu charadas de sémola. La masa debe despegarse con facilid de la cuchara. Si queda dem siado líquida, añadirle 1 cuc rada más de sémola.

2. Hervir en una cazuela agu con 1 cucharada de sal. Co las porciones de masa neces rias y formar los ñoquis; intro cirlos en el agua hirviendo y jarlos 8 minutos, hasta que salgan a la superficie.

3. Lavar las fresas y hacer co ellas un puré, añadiendo can y el azúcar de caña granula

4. Sacar los ñoquis del agua con una espumadera, escurri y servirlos con el puré de fres

Sugerencia

No debe tomarse demasiad azúcar durante el embarazo Endulce los postres con zum espesos, frutas o miel. Siemp que su alimentación sea san y variada, podrá permitirse, de vez en cuando, un par d cucharadas de azúcar.

Foto inferior: Ñoquis de queso fre con puré de fresa.
Foto superior: Tortita de frambues

Tarta de yogur, preparada en frío

C Ca

Ingredientes para 1 molde de 24 cm de Ø:
250 g de Pumpernickel (pan negro, típico de Westfalia)
4 cucharadas de zumo de limón
500 g de arándanos
500 g de yogur natural
100 g de queso fresco granulado
100 g de miel, 100 g de nata
8 hojas de gelatina blanca

Rica en fibra

En 12 porciones, cada porción: 600 kj/140 kcal · 4 g de proteínas · 4 g de grasas · 19 g de hidratos de carbono

- Tiempo de preparación: 35 minutos
- Tiempo para enfriar: 6 horas

1. Desmenuzar el Pumpernickel y esparcirlo por el molde. Rociarlo con zumo de limón.

2. Lavar los arándanos, reservar 250 g y, con el resto, hacer un puré.

3. Mezclar el yogur, el queso , el puré de arándanos y la miel.

4. Remojar la gelatina durante 10 minutos en agua fría, y desleírla a fuego suave; en cuanto esté desleída retirarla, ya que no debe cocer.

5. Añadir la crema de yogur hasta que se enfríe y luego dejarla en el frigorífico hasta que empiece a cuajarse. Montar la nata y añadírsela. Verter la masa en el molde con el de Pumpernickel y cubrir el resto de los arándanos. Dejarla enfriar.

6. Pasadas 6 horas, la tarta estará en su punto . Despegar el borde, soltar el aro del molde y servir la tarta en una fuente redonda.

Bizcocho de albaricoques y moras

A C Ca

Ingredientes para 1 molde de quiche de 24 cm de Ø :
200 g de moras
400 g de albaricoques
1 1/4 l de leche
50 g de sémola integral
40 g de azúcar, 2 huevos
250 g de queso fresco cremoso
40 g de semillas de lino
2 cucharadas de azúcar glas
Grasa para el molde

Rápida
Rica en fibra

En 10 porciones, cada porción: 660 kj/160 kcal · 7 g de proteínas · 7 g de grasas · 17 g hidratos de carbono

- Tiempo de preparación: 40 minutos

1. Precalentar el horno a 200 °C. Escoger las moras lavarlas y escurrirlas. Lavar los albaricoques, cortarlos en cuartos y deshuesarlos.

2. Cocer la sémola en la leche 1 hora. Añadirle el azúcar y dejarla reposar 10 minutos.

3. Añadir el queso, los huevos, las semillas lino, y batirlo todo. Engrasar el molde, verter la masa y alisar la superficie. Colocar los albaricoques y las moras.

4. Meter el molde en la parte baja del horno (en la temperatura 3 si se trata de una cocina de gas) y dejar que se haga 20 minutos. Este bizcocho puede tomarse caliente o frío. Antes de servirlo, espolvorearlo con azúcar glas.

Foto inferior: Bizcocho de albaricoque y moras.
Foto superior: Tarta deyogur preparada en frío.

ÍNDICE GENERAL Y DE RECETAS

Título original:
Für Schwangere
Traducción:
Mª del Carmen Vega Álvarez

Carretera León-La Coruña km 5 - LEÓN
ISBN: 84-241-2366-2
Depósito Legal: LE: 503-1994
Printed in Spain - Impreso en España

EDITORIAL EVERGRÁFICAS, S. L.
Carretera León-La Coruña km 5
LEÓN (ESPAÑA)

Advertencia importante

Las recetas de este libro son obra de una endocrina y han sido experimentadas oportunamente. No obstante, dado que las investigaciones médicas sobre la materia siguen su curso, puede ocurrir que en algunos casos no exista total unidad de criterios con otros científicos, por lo que en caso de duda, deberá consultar a su médico.

Odette Teubner

Debe su excelente formación como fotógrafo a las enseñanzas de su padre, el famoso fotógrafo Christian Teubner. Tras unos meses de experiencia como reportera gráfica de modas, optó por dedicarse plenamente a la creación de los bodegones fotográficos y composiciones culinarias propios del estudio Teubner. En su tiempo libre practica también, apasionadamente, el retrato, en muchos de los cuales ha sido su propio hijo quien ha posado como modelo.

Dorothee Gödert

Después de concluidos sus e
dios como fotógrafa, primer
el campo de los bodegones
interiores, hizo varios cursos
especialización en Princeton
(EE. UU.) en fotografía culin
y gastronómica. Desde abri
1988 pertenece a la plantil
de expertas de los Estudios
Teubner.

Dagmar Freifrau von Cramm

Estudió Ecotropía y una vez
cenciada se dedicó a pon
práctica sus conocimientos t
cos sobre nutrición. Ha sido
dactora de un gran número
revistas de cocina de la ca
de Baviera, al tiempo que d
rrollaba una intensa activid
el campo de la gastronomí
Desde 1984 trabaja como
riodista independiente espe
zada en alimentación, cent
do su interés de modo
particular, como madre de
hijos, en todo lo referente a
teoría y práctica de la nutri
infantil. En 1986 se incorp
en la redacción de la revist
mana «Eltern» (Padres) com
culista gastronómica. A lo l
de sus numerosos años de
dad profesional ha creado
gran surtido de recetas orig
les que han ido aparecien
publicaciones periódicas s
el embarazo, lactancia, nut
ción infantil y dietética fami